田《た》尻《じり》望《のぞむ》
NOZOMU TAJIRI

高賃金化《こうちんぎんか》

INCREASE ADDED-VALUE FOR MORE PRODUCTIVITY AND PROFITABILITY

CROSSMEDIA PUBLISHING

読者のみなさんが、
経営者として会社の高収益化と、
社員に多くの給与を払うという高賃金化の両方を達成する
コンセプトと仕組みを学んでいただき、
社員も自分自身も幸せになるために。
また、会社で働くあなたがもっと多くの給与をもらって、
経済的にも精神的にも豊かな生活・人生を送るために、
本書を役立てていただけたら幸いです。

はじめに

先日、ある日本企業の給与に関して、衝撃的な話を聞きました。

京都大学を卒業し、誰もが知る某大手総合電機メーカーに就職した入社3年目の社員（開発職）の年収が、わずか300万円だというのです。月収にすると25万円です。社会保険料などを引かれたら、おそらく手取り額は月20万円程度でしょう。

京都大学卒の優秀な若者が、そんな状況に置かれているという現実が信じられませんでした。どう考えても、彼の職業人としての能力や期待値が低かったとは思えません。少なくとも地道に努力する力や、物事を論理的に考える力、多くのことを学び取る力は人一倍高いはずです。にもかかわらず、この程度の給与しかもらえないというのは、いったいどういうことでしょうか？

また最近、ある国家プロジェクトの一端を担う合弁会社が、「日本の未来を背負う、半導体技術者を募集！」と銘打って社員募集をしたのですが、その募集条件が大学院卒で「月給27万円」だったため、あまりの給与額の低さが話題となりました。その後、その会社は慌てて給与額をアップしたのですが、「国の未来を背負う最先端の半導体技術者の給与が27万円なんて、日本はもう終わっている」などと物議を醸しました。

「世界的に見て、日本人の給与は低過ぎる」「日本では、ここ30年間ほとんど賃金が上がっていない」と言われますが、これは、今の日本社会における非常に深刻な問題と言わざるをえません。

その問題の原因は、いったいどこにあるのでしょうか?

結論から言うと、大きな原因の一つとして、日本の会社は「1人1時間あたりの付加価値生産性」が低いことが挙げられます。ここでいう「付加価値」とは、売上高から原材料費や外注加工費、その他外部からの購入費用を差し引いた金額であり、「付加価値生産性」は、一般的に「付加価値額÷労働量」という計算式で算出されます。ちなみに、ここであえて「1時間あたりの」と「時間チャージ」の概念を加えているのは、残業して長時間働くことが正しくなってしまうことを避けるためです。

給与を上げるには、最終的に「1人1時間あたりの付加価値生産性」を高め、会社として収益をアップさせることが必須条件となります。しかし、それは容易なことではありません。なぜなら、そのためには個々の社員、幹部クラスの人たち、そして経営者がそれぞれの立場で考え行動し、全社一丸となって取り組まなくてはならないからです。決して個々の社員のみが、または経営者だけが頑張って実現できることではないのです。

そこで本書では、「1人1時間あたりの付加価値生産性」を高めるために何をしたらいいのかを、①「個人やチームとして取り組むべきこと」、②「組織として構造改革しなければならないこと」という両面から考えていきたいと思います。

読者のみなさんの中には、経営者として社員やスタッフに給与・報酬を支払う立場の人もいれば、被雇用者として会社から給与をもらう側の人もいるでしょう。そこで本書は、「給与を高める（高賃金化）」というテーマ（課題）について、経営者、社員両方の立場に立ってさまざまな視点から考え、両者に向けてさまざまな提案を行っていきます。

「高賃金化」は、社員だけに恩恵をもたらすものではありません。本書を手に取ってくれた経営者のみなさんは、すでに「高給与を実現することは、社員だけでなく、経営者・会社にとっても大きなメリットがある」ことを認識されているはずです。

経営者側の視点で考えると、高賃金化の目的は大きく2つあります。一つは「社員に経済的豊かさを提供できる」ことであり、もう一つは、「優秀な人材が出て行ってしまう（転職してし

会計的には高賃金化が高収益化にはならない

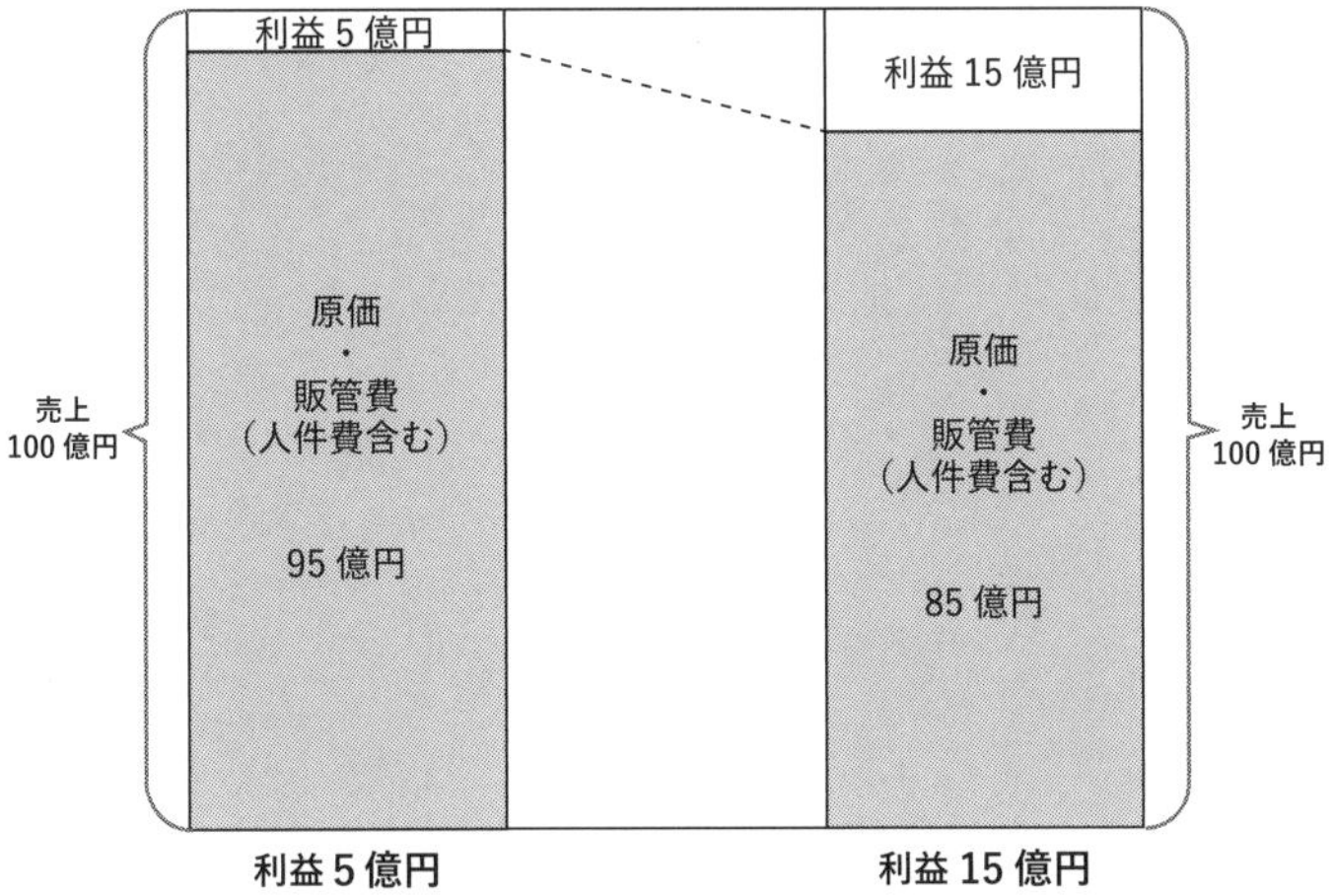

まう）ことを防げる」ことです。もちろん高賃金化によって社員のモチベーションが上がり、さらに生産性が高まるというメリットもあるでしょう。

当然、個人（社員）にとって給与が上がることはメリットしかありません。そして、給与を上げたいのであれば、方法は今の会社にいながら支給額を上げていくか、転職して上げていくかのどちらかです。もちろん本書ではどちらの選択肢にも役立つ内容になっています。

さてここで、いきなりの質問になるのですが、同じ100億円の売り上げを持つ企業があったとします。さて、一般的に言うとどちらのほうが良い会社でしょうか？

そう、前図の右の会社のほうが利益が出ていて、良い会社と見られるでしょう。

つまり、同じ売り上げに対して、原価・販管費は抑えることができ、利益は多いほうが良い会社なのです。ここで気づいてもらいたいのですが、「賃金」はどこに入るのでしょうか？

そう、販管費に入ります。

つまり、多くの方が思っていることがあると思います。高収益になれば、利益が出れば、給与が上がる、と。

しかし、この2つの図を見ていただいたらご理解いただけると思いますが、「高収益化と高賃金化は、逆の発想になる」ということです。

つまり……

利益を上げたければ、賃金は下げたほうがいい。

賃金を上げると、利益は下がることになる。

この考え方の元(ほかにも理由はあるにせよ)、日本は賃金をめぐって、労使が対立するという流れを追ってきたのだと思います。

本書では、この対立に終止符を打つべく、一つの考え方を提唱しています。

今回本書で紹介する「1人1時間あたりの付加価値生産性を高めて、高収益、高給与を実現する方法」は、現在私がコンサルタントとしてさまざまなクライアント企業に提供し、大きな成果を出しているコンテンツのエッセンスを凝縮したものです。そして、そのコンセプトの多くは、私がかつて新卒で入社し、独立するまで在籍したキーエンスという会社で学び、培った考え方や手法がベースとなっています。


この本を手に取っていただいたあなたは、ご存じのことも多いと思いますが、キーエンスは、ファクトリー・オートメーション用センサーなど、さまざまな機器を開発・製造販売している企業であり、「従業員の平均年収2000万円超」「社員一人当たりの営業利益額1億円超」「時価総額17兆円」という理想的な会社として、近年大きな注目を集めています。

私は同社にコンサルティングエンジニア職として在籍したのですが、その間に「最小の資本と人で、最大の付加価値をあげる」という、高賃金化を目指すことができる基礎となるコンセプト、そこから始まる様々な仕組みとその連鎖について学びました。

その後、私は、キーエンスを2012年に退職し、事業を立ち上げましたが、諸事情により私自身の独立は失敗に終わりました。その後、100社を超える企業に対して、経営コンサルティング、研修を提供していく中で、高賃金化できる企業とそうでない企業では、根本的な仕組みが違うことに気づきました。

私自身、失敗経験からも大きな学びを得ています。本書では、キーエンスでの経験だけでなく、そうした失敗を通して学んだことも交えて、読者のみなさんへさまざまなソリューションを提案していきます。

読者のみなさんが、経営者として会社の高収益化と、社員により多くの給与を払うという高賃金化の両方を達成するコンセプトと仕組みを学んでいただき、社員も自分自身も幸せになるために。また、会社で働くあなたがもっと多くの給与をもらって、経済的にも精神的にも豊かな生活・人生が送れるようになるために、本書を役立てていただけたら幸いです。

田尻 望

第2章 なぜ給与が上がらないのか？

第3章 高給与を目指す働きかた

第4章 社員の価値最大化と報酬戦略

第5章 すべての人が「会社の価値向上」にかかわる組織へ

ブックデザイン：金澤浩二

第 1 章

経営者と社員で「高収益」「高給与」を目指す

INCREASE ADDED-VALUE
FOR MORE
PRODUCTIVITY
AND
PROFITABILITY

本音を言おう。「夢がないんじゃない。お金がないんだ！」と

これは、私がキーエンス退社後、26歳で仲間と新規事業を立ち上げて失敗し、その後何とか職にありついたものの、月収25万円しかなかったときの話です。

当時の私は、あと2、3円足りなくて缶コーヒーを買えず、落ちこんだことがあります。仕事の場では、もしかすると将来取引先になるかもしれない人をお茶や食事に誘いたくても、「金額によっては、割り勘にしてもらわないと厳しい……」と思うと、怖くて声をかけられませんでした。すでに結婚している状況で、失敗したので、もともと住んでいた家を売らなければならなくなり、妻の父母の家に居候させていただきました。さらに妻にも働いてもらいながらなんとか生活していたのです。

このとき私は思いました。「ああ、将来子供が大きくなったとき、この子の願いを叶えてあげられるだろうか？」と。お金を十分に持っていないと、子供が「こんな習いごとをしたい」

「この学校に行って、こんな勉強をしたい」と望んでも、その願いを叶えてあげられない可能性が非常に高くなります。そんな将来に対する不安に直面し、どうしたらいいのかと悩む日々が続きました。その後、何とか頑張って高収入を得られるようになりましたが、当時は精神的にも金銭的にも、本当に辛かったのを覚えています。

みなさんも、何かやりたいこと、または家族にしてあげたいことがあっても、「時間」もしくは「お金」が足りない、という理由であきらめていないでしょうか。「時間」はつくろうと思えば、何とかつくれます。多くの場合、あなたの思いや行動に縛りをかけているのは「お金」です。多くの人が、お金に余裕がないため、豊かな生活を送るために必要なお金を稼げていないために、さまざまな困難に直面しているのです。そして、「お金」が足りないとなれば、多くの「時間」を使って、働かなければならなくなり、つくれると思っていた「時間」もなくなり、困難に直面します。

厚生労働省が公表した最新データによると、日本の相対的貧困率（等価可処分所得が中間値の半分未満の世帯員の割合）は約15％で、６・５人に１人、すなわち２０００万人以上が貧困状態にあるそうです。これはＯＥＣＤ（経済協力開発機構）に加盟する先進国の中で最悪の状況です。

また、国税庁が実施した「令和3年分民間給与実態調査」によると、年収400万円以下の人の割合が5割を超えています。

ちなみに日本人の平均年収は443万円で、その手取り額は349万円（月額29万円）です。配偶者と子供がいるとすると、月の収入29万円に対して、居住地域にもよりますが、家賃が10万円、食費が7万円、水道光熱費2万円、通信費1・5万円、交際費1万円、保健医療費2万円、衣服理美容費1万円、娯楽費1万円、子育て費用5万円、雑費1・5万円と概算すると出費額は月32万円となり、貯金額は何とマイナス3万円です。これでは借金でもしない限り、生活は成り立ちません。

そんな中、「夢がない若者が増えている」とよく耳にします。みなさんの中にも、「将来の夢を持てない人は多いのではないでしょうか。

しかし、それは当然です。前述のような状況の中で、「もっと夢を持って生きよ」と言われても、とうてい無理な話です。ここで、みなさんの本音を代弁して、声を大にして言いたいのは、「夢がないんじゃない。金がないんだ！」ということです。

私自身も、月収25万円しかなかった頃は、将来に向けて大きな夢を持つことや、これからどうしていきたいかを考えることすらできなかったのを覚えています。つまり、人はお金がないことで、夢を持つことを妨げられている、つまり人生の選択肢や将来の可能性を制限されてしまっているのです。

人は、自分が稼げる金額の範囲でしか夢は見られません。自分が稼ぐ金額の範囲を超えるような大きな夢を見ようとしても、「そんなことできるはずはない」「どんなに頑張っても絶対に無理」という絶望感に襲われます。

「夢がない」のが問題なのではなく、「お金が稼げない」という問題が夢を見る未来を閉ざしていて、私たちに不安や恐怖を与えているのです。これから本書を読み進める前に、まずは、その真実としっかり向き合いましょう。

「給与が上がる」と多くの問題は解決し、「給与が上がり続ける」と未来に希望を持てる

ここで、もしあなたの給与が今よりも大幅に上がったとしたら、どんなことが起きるか？

を考えてみましょう。

給与が大幅に上がったら、まず「生活観」が変わります。「この程度の収入しかないのだから、買いたいものは我慢して分相応の生活をしよう」という考え方から、「以前から夢見ていた、こんなワンランク上の生活をしよう」という考え方に変わるかもしれません。

年収３００万円の生活と年収５００万円の生活では、消費の仕方やライフスタイルは大きく変わってくるでしょう。さらに年収７００万円、１０００万円、１５００万円、２０００万円と上がっていけば、さらに生活観やライフスタイル、生活レベルが大きく変わるはずです。

私自身、これまでそれらのステージをすべて体験してきました。キーエンスに勤め、独身で年収９００万円という状態から、家族を持ちながら年収３００万円という状態まで一気に下がってしまいました。そこから懸命に努力して、年収５００万円、さらに１０００万円超となり、現在はさらに多くの年収を得られるようになったのです。

もしも、現在年収５００万円のあなたが、年収１０００万円、月収80万円超、手取りで60万円くらいまで稼げるようになったとします。年収５００万円のときの手取りは月約35万円なので、以前より月25万円余分に使えるようになっています。つまり、年収が５００万円から１０００万円に上がるということは、「年間でプラス３００万円を自由に使えるようになる」

ということです。

300万円あったら何ができるでしょうか。しかも、それが自由に使っていいお金だとしたら、いったい何ができるでしょう。旅行好きな人なら、30万円かかる旅行に年間10回も行けます。新しいスキルを学びたい、資格を取りたいという人なら、年間100万円かかる講座を1年で3つも受けられます。すべてを子供のために使うのなら、300万円を丸々貯金すれば、10年で3000万円になります。極端に高い学費がかかるところでなければ、どんな学校だって行かせられるでしょう。20年間貯金して6000万円貯まれば、家族で海外に住むことだってできるかもしれません。

給与が増えて、「年間300万円を自由に使っていいとしたら、何をする？」と考え始めたときに、みなさんにもワクワクする夢が浮かんだはずです。これこそが、まさに先ほど言った「夢がないんじゃない。金がないんだ！」ということです。お金に余裕があれば、あなたも多くの夢を見られるはずなのです。

給与が上がると、今あなたが抱えている精神面の問題も経済面の問題も、その多くが意外と簡単に解決してしまいます。本当はやりたいけれども「お金がない」と我慢していたことをできるようになります。自分のことだけでなく、家族や友人・知人など、誰かにしてあげたいことも、たくさんできるようになります。

さらに、給与が毎年のように「上がり続ける」と、将来に対する不安もなくなり、「さあ、これからどんな楽しい未来をつくっていこうかな」とワクワクしながら、未来に希望を持てるようになります。

もしあなたが「給与を上げ続けられる仕組み」を知っていれば、自分自身を守ることもできるし、愛する家族や周りの友人を守り、助けられるという自信が持てるはずです。もちろん、お金がすべてではありませんが、「愛はお金で買えないが、お金で愛は守れる」という言葉もあるように、「お金があると守れるもの」も確かにあるのです。

給与が低く、不平不満を抱えながら仕事をしていると、人は気持ちに余裕がなくなり、ついつい周囲に対しても厳しくなってしまいます。一方、給与が高い組織では、みんな毎日前向きに仕事をしていますし、プライベートも充実しています(SNSなどで叩かれますから、この実情はあまり前に出てこないでしょう)。

決して物事の順番を間違ってはいけません。特に経営において大切なことは、価値をお客様に提供し、そこから得られる「利益」、つまり「お金」です。よく、「大事なのはお金(利益)じゃない。世のため人のためになることが重要なのだ」と言う経営者がいますが、ちゃんと最初にきちんと利益を出し、従業員さんに払えるお金を用意しなければ何も始まらないし、続かないのです。

あなたが経営者なら、この「正しい順番」を忘れずしっかりと利益を出しましょう。そして社員により多くの賃金を払えれば、社員やその家族を幸せにでき、会社がうまくいくことで、最終的にあなた自身も幸せにできるのです。

逆境時代に学んだ「価値の最小単位」＝「感動」の重要性

ここまで、給与が低いために起こる問題と、給与が上がることで得られるものについて述べてきました。一見当たり前に聞こえる話かもしれませんが、本題に入る前に、まずは大前提として「なぜ給与を上げる必要性があるのか」という理由、その意義を再認識しておくことが大切です。

さて、本書では会社の収益を上げ、同時に社員の給与を上げる方法をお伝えしていきますが、その前に、みなさんに知っておいてほしい非常に大切なことがあります。**それは、給与を上げるためには、経営・ビジネスにおける「利益」と「価値」「付加価値」の関係性をしっかりと理解しておく必要がある、ということです。**

この経営・ビジネス上の最重要課題について、私はキーエンス在籍中だけでなく、その後の逆境にさらされた時期に多くを学びました。その頃のエピソードを少し紹介しておきます。

私はキーエンスを辞め、事業に失敗したあと再就職しようと活動しましたが、なかなかうまくいきませんでした。ちなみにキーエンス時代、コンサルティングエンジニア（営業技術職）として働いていたと言いましたが、私が所属していた部署は「販売促進部」でした。

「販売促進」と聞くと、おそらく多くの人が「販促・PR」「広告・宣伝」といった業務をイメージすると思います。しかし、キーエンスにおける販売促進部の仕事はまったく異なります。

彼らの主な役割・責任範囲は、「新商品の立ち上げ」「販売戦略の企画立案」「業界の動向・競合の情報収集と分析」「営業の評価や教育・育成支援」など多岐にわたります。一般的な会社ならマーケティングの管理と実行を司る「マーケティング本部」、または「営業企画本部」と呼ばれる部署の機能が集約されているイメージです。

私はそこで培ったさまざまな知見やノウハウを活かそうと、いろいろな会社のマーケティング部や営業セールスの部署に採用面接を受けに行きましたが、「販売促進部にいました」と言うと、「へえ、キーエンスさんでも展示会などの販促をやっているんですね」といった反応しかもらえませんでした。結局、私がやっていた業務についてのイメージが先方にまったく伝わらず、同時に「自分がその会社に提供できる価値」も説明できず、採用面接に落ち続けたのです。

今であれば、キーエンスで私がやっていたことの「社会に対する価値」を、「仕事と経営において、何が本当に大切な価値なのか」を踏まえて、誰に対しても明確に伝えられます。しかし、当時はそれができませんでした。だからどこも雇ってくれなかったのです。

結局、私は知り合いの社長に拾っていただき、その社長が経営している飲食店で、がむしゃらに働くしかありませんでした。とにかく一生懸命頑張ればお金をもらえるだろうと考えて、お店で朝9時から24時まで休みなく働き、月収25万円という状態が続きました。本当に厳しい時期ではありましたが、私はそこで一つの気づきを得ました。それは、会社が利益を上げるための要素として最も重要視すべきは、「価値の最小単位」である、ということです。

そして、人（お客様）が感じる価値の源泉・根源は「感動」だということに気づいたのです。価値の最小単位は「感動」であり、その感動は相手の「真のニーズ」を叶えたときにこそ生まれるのです。その点について詳しく説明しましょう。

「価値をつくって提供する方法」を仕組み化せよ

先ほど、給与を上げるためには、経営・ビジネスにおける「利益」と「価値」「付加価値」の関係性をしっかりと理解しておく必要がある、と言いました。ここでみなさんに質問です。そもそも「利益」とは何でしょう？

「利益」とは、言うまでもなく「収益からさまざまな費用を差し引いたもの」すなわち「儲け」です。なぜこんな質問をしたのかというと、本書を読み進めていただくうえで、まずはこの「利益（儲け）を出す」という言葉の意味を明確に定義しておくことが非常に重要だからです。

みなさんに、これだけはしっかりと理解しておいてほしいこと、それは「利益（儲け）を出す」とは、「お客様に対して『価値（特に付加価値）』を提供することと同義である」という考え方です。つまり、「より大きな利益を出す経営」とは、お客様に対して「より大きな（高い）価値を提供する経営」にほかならないのです。

「より大きな（高い）価値」をつくれば、それをお客様が「より高い値段」で買ってくれ、結果として、あなたの会社に「より多くの利益」をもたらします。極めてシンプルで当たり前の話なのですが、みなさん意外にこの考え方をきちんと理解していません。

会社を高収益化し、同時に社員の給与も上げるための施策に取り組むうえで、この点についても最初にしっかりと理解しておくべきです。この根本的な考え方を理解しないまま行動を起こしても成果は出ないからです。

お客様に「より大きな（高い）価値」を提供すると、お客様の感動は「ありがとう」という言葉で返ってきます。どんな人でも、仕事をするうえで一番嬉しいのは、やはりお客様から「ありがとう」という言葉をいただいたときでしょう。

飲食店で働いているとき、テーブルにビールを持っていくだけでも、お客様から「ありがとうございます！」と言われて嬉しかったことを思い出します。そして、これこそがお客様に提供する「価値」の根源となっている「感動」なのだと実感しました。

キーエンスでも、クライアント企業の担当者から「ありがとう」という言葉をいただくことはありましたが、自分たちが売っている商品を実際に使って「感動」を得ているエンドユーザーから、直接「ありがとう」という言葉を聞く機会はあまりありませんでした。

価値の最小単位であるお客様の「感動」を、言葉だけでなく、体感できるかどうかが重要なのです。私がなぜ、現在コンサルタントとして多くの会社とうまく取引できているのかといえば、この「価値の最小単位」をどの会社でも探すようにしているからです。そして、その価値を最大限増幅する仕組みをつくれば、間違いなく儲かると知っているからなのです。

しかし、多くの会社では、確実にお客様から「ありがとう」と言ってもらえる仕組み、つまり、価値をつくる方法、その価値を提供する方法が仕組み化されていません。

飲食店では、ドリンクや料理の配膳の仕方が少し異なるだけでも、「ありがとう」と言われるか言われないかに違いが生まれ、リピート率も変わります。「神は細部に宿る」と言われるように、そうした細かな違いが、その会社の価値、提供するサービス・商品を大きく高めるのです。そうした実感を持てたのは、あの厳しい飲食店勤務時代のおかげだったと、今でも感謝しています。

「正しい努力で価値をつくれば報われる」

確実にお客様から「ありがとう」と言ってもらえる仕組みをつくること、すなわち、「価値をつくり、提供する方法を仕組み化すること」が大切だと述べました。それを実現し、大きな成功を収めている会社がキーエンスです。

私はキーエンスでの経験と、その後の飲食店勤務での経験、そして両者の比較を通して多くの学びを得ました。前述した、お客様に提供する「価値」の根源は「感動」である、という学びはその一つですが、もう一つ学んだ重要なことがあります。それは、たとえ同じ労力、同じような仕組みであったとしても、「どこにどのような影響を与えるのか」によって、生まれる価値の大きさが変わってくる、ということです。どういうことか説明しましょう。

キーエンスの人たちは、常にお客様の仕事現場の細部を非常によく見ていました。他社が見つけられない「お客様の困りごと」がどこにあるのか？　を捉えようとしていたのです。同社が常にお客様に高付加価値を提供できる秘訣は、その点につきると言っても過言ではありません。

ただし、「お客様の困りごと」を見つけることができれば、飲食業でもキーエンスのように超高収益企業になれるのかというと、そうではありません。これには、企業(B)とエンドユーザー(C)の距離も関係しています。

価値の最小単位(感動)を感じるのは、いつも最終的なお客様(エンドユーザー)です。彼らが商品やサービスに感動し、「ありがとう」と言って、感動を与えてくれた相手にお金を払うことで、その商品やサービスに関連した会社に利益をもたらします。

飲食業では目の前で食事をする(感動する)お客様から、直接お金を受け取ります。それはそれでたいへんありがたいことなのですが、ビジネス的に考えると、富裕層に対して高付加価値(=高額の料理)を提供しない限り、そこに莫大な利益が生まれることはありえません。

一方で、キーエンスのモデルには、「ＢｔｏＢｔｏＢｔｏＣ」といった感じで、お客様(エンドユーザー)との距離がかなり離れているがゆえに、大きな利益を得る可能性を秘めています。

飲食店であれば、お客様に付加価値を提供する源泉の一つが肉や野菜などの「食材」ですが、一方、キーエンスは、その食材を飲食店向けに卸す商社に倉庫の「自動化の技術」を提供しています。その技術に付加価値を乗せているのです。そうすることで、お客様（エンドユーザー）のすぐそばにいる会社よりも、間接的にはなりますが、多くのエンドユーザーへの影響力を発揮することとなり、より多くの付加価値を生み出している状態になるのです。

事業の仕組みを、付加価値の増幅という観点で見ると、上流と下流で全く異なるのです。つまり下流全体の利益がすべて上流側に上がってくるのです。そして上流の生産性が10％上がれば、その下にある工程全体の付加価値も10％上昇します。

たとえば飲食業のクライアントをコンサルティングする場合、１店舗だけのコンサルティングをするのと、フランチャイズ本部のコンサルティングをするのとでは話が違います。１店舗のみのコンサルであれば、売上１億円の店舗で生産性が10％上がっても、１０００万円の売上アップにしかなりません。一方、フランチャイズ本部へのコンサルで、本部の下に売上１億円の店が１００店舗あれば、10％の生産性アップで10億円の売上アップを見込めます。

つまり、たとえ同じ労力であったとしても、そして提供するものが同じ仕組みであったとしても、「どこにどのような影響を与えるのか」によって、そこに生まれる付加価値の大きさが変わってくるのです。

これを知ることができたのは、間違いなく飲食店の現場です。そこでは9時から24時まで頑張っているのに十分なお金をもらえませんでした。キーエンスよりもさぼっていたのではありません。それどころか、キーエンス時代よりも、もっと頑張っていたと思います。それでも高い収入は得られず、「なぜこんなに頑張っているのに、給与が上がらないんだ！」と自問自答する日々が続きました。

今であれば、その理由がよくわかります。私がいくら毎日ビラ配りをして、看板を持って呼び込みをして頑張ったからといって、月何百万円、何千万円もの利益アップは見込めないのです。

大事なのは、大きな価値＝利益を生む「仕組み」であり、「価値ある努力」です。価値＝利益を生む仕組みが構築せず、さらに価値を生まないムダな努力をしていても成果は出ません。

ちなみに、「努力は報われる」という言葉があります。それは半分本当ですが、半分は嘘だと思います。「正しい努力をして価値をつくっていれば、必ず報われる」のです。

本書ではこのあと、努力を「価値ある努力」と「価値につながらない努力」に分けて、「価値ある努力」の大切さをお伝えしていきます。

経営者と社員が手を取りあって「高収益」「高収入」を目指す仕組みづくりを

「価値ある努力」を続けていけば、自ずと「1人1時間あたりの付加価値生産性」が高まり、結果「高収益」と「高給与」につながっていきます。「1人1時間あたりの付加価値生産性」向上のためには、経営者側も社員側もそれぞれの立場を越えて、全社一丸となって取り組まなければなりません。

ここで、忘れてはならない重要なことがあります。それは、多くの場合、「経営者と社員とでは、給与に対する考え方が根本的に異なる」ということです。

当然ですが、経営者は会社を高収益にしたいと考えます。「高収益化」とは、できる限り売上と利益を高めていくということです。そこでよく取られる施策は、「コスト削減」＝「人件費削減」です。つまり多くの経営者はコスト削減のために「給与額をできるだけ下げたい」と考えるのです。

一方、社員は高給与を得たいと考えます。「人件費を削減したい」と考える経営者と、「高給与を得たい」と考える社員。両者の考えは相反することになります。「できるだけ人件費を削減したい」という考えを持つ人に対して、「もっと給与を上げてください」と言ったとしても、仲たがいの状態になってしまう可能性が高いのです。

ただし、ここでつけ加えておきたいのは、「社員により多くの給与を払って、彼らに経済的な豊かさを提供してあげたい」と考える経営者もたくさんいるということです。また、多くの経営者が直面している現実的な問題として、「賃金を上げていかないと、いい人材が出て行ってしまう」「他社からもっと高い給与を提示されて引き抜かれてしまう」ということもあります。それを心配している経営者は、何とかして社員の給与を上げてあげたいと考えているはずです。

とはいえ、元来、賃金に対する経営者と社員の考え方は基本的に異なる、ということは頭に入れておくべきでしょう。

では、経営者と社員が同じ価値観のもと、両者共に手を取りあって高賃金化を推進するにはどうしたらいいのでしょうか？　そのためには、経営者と社員が「両者Ｗｉｎ－Ｗｉｎとなる共通目標」を持ち、「高収益、高収入を同時に実現できる仕組み」をつくる必要があります。

ここで重要なのが、お客様の感動、すなわち付加価値を生む方法をきちんと仕組み化し、そこから生まれた収益を、社員に確実に還元できる仕組みをつくることです。

高収益、高収入を同時に実現できる仕組み

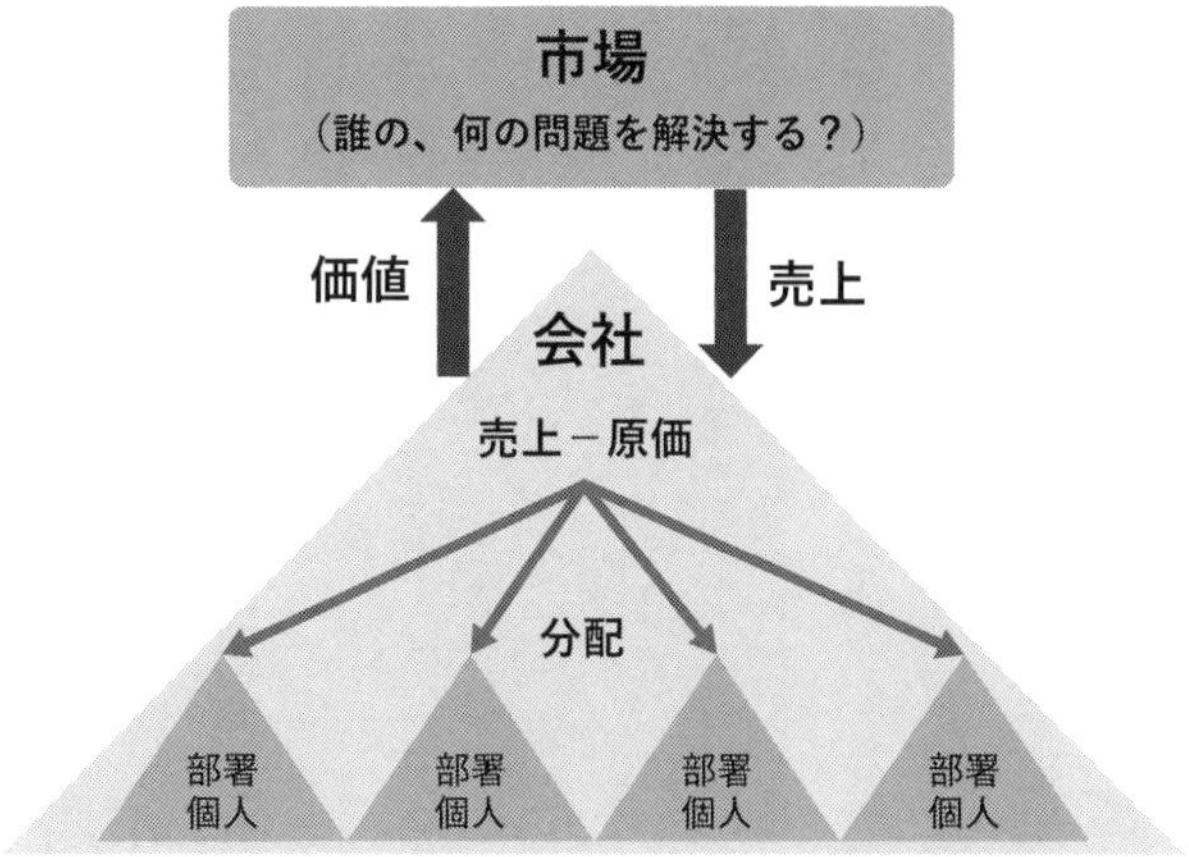

現状の収益のまま賃金をアップすると、単純に利益が下がってしまうということになりかねません。それでは、経営者が自分のポケットマネーから給与を払ったようなもので、Ｗｉｎ－Ｗｉｎではなく「Ｗｉｎ－Ｌｏｓｅ（ルーズ）」の関係になってしまいます。

そうならないように、会社が収益をアップさせ、アップした収益からきちんと社員に分配する仕組みをつくり、社員にも「会社の収益を上げれば、自分たちの給与が上がるんだ！」、という点にフォーカスさせることが重要です。

経営者と社員が仲たがいする残念な組織では、会社の収益と社員の給与の話が横並び（同じ次元）で語られています。先ほど述べた、会社の収益を上げるためには社員の給与（人件費）を削らなければならない、という発想です。

アインシュタインの言葉に、「いかなる問題も、それが発生したのと同じ次元で解決することはできない」というものがあります。問題が起きているステージ、同じ次元で考えるのではなく、もう一段上の次元に立って考えなければ問題は解決しないということです。そのための大事な観点が「付加価値」です。

付加価値提供の結果として発生した収益の分配が給与なのだから、まずは経営者も社員も「付加価値」を生み出すことに集中すればいいのです。そのうえで、あとから分配率をよく検討すれば、会社や経営者にも多くの利益を残せると同時に、社員にも納得のいく給与額を支給できるのです。

会社の収益、給与の源泉は、「1人1時間あたりの付加価値創造額」

繰り返しますが、給与を上げるには、「1人1時間あたりの付加価値生産性」を高めなければなりません。言い方を変えれば、会社の収益の源泉、社員の給与の源泉は「1人1時間あたりの付加価値創造額」である、ということになります。

この考え方について、多くの経営者はなんとなく理解はしていますが、それを社員全員が日々意識できているかが問題です。**つまり、社員一人ひとりが、「自分が1時間で生み出した付加価値額＝お客様・社会の役に立った金額が最終的に給与として反映される」と意識できているかどうかが重要なのです。**

多くの会社では、皆それを意識するということはなく、間違った努力を続けています。「社員一人ひとりが、どんなに一生懸命頑張っても、決められた給与分しか稼げない」という状態で、みんなが頑張ってしまっているのです。そうなれば、社員としては、「最低限の努力で、決められた給与をもらおう」となってしまいます。これでは結局、会社と従業員は異なるベクトルの方向を向き、赤字になるか低給与の厳しい状態が続くだけです。

会社の収益の源泉、そして自分たちに支払われる給与の源泉が「1人1時間あたりの付加価値創造額」であることを理解していない組織のメンバーは、会社側に「現場の人が足りないので、もっと人員を増やしてください」と安易に言ってしまいます。

たとえば、3人の従業員で2000万円の粗利益を出しているとします。人が足りないというので、人員を追加したとしましょう。経営者やマネジャーであればわかるかもしれませんが、一人追加したからといって、粗利益が大幅に増えることはほぼありません。新規開拓が得意な営業担当者が加わるか、もしくは最初からリード（見込み顧客）がたくさんいて、あとは受注するだけという状態でない限り、人員の追加によって粗利益はそれほど増えません。わかりやすい例が飲食業です。席数には限りがあるため、店舗スタッフの数を増やしたところで利益は増えないのです。

そうすると、左の図の流れのように、利益も減りますし、さらには、1人あたり利益も大きく減ってしまいます。たとえば、3人で利益が500万円残っていれば、利益の5分の1をス

人を増やしても粗利益が大幅に増えることはほぼない

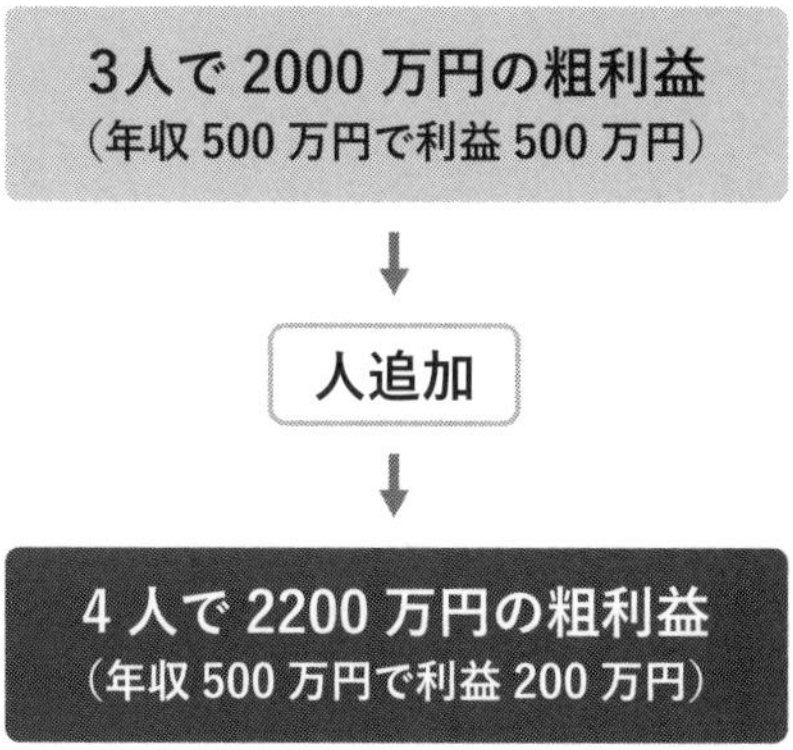

タッフに配ったとすれば、１人33万円配れます。しかし、４人で２００万円しか利益が残っていなければ、配れるのは１人10万円だけです。

日本の会社は、よく「人が足りない」と言いますが、本当に足りないのは「人」ではなく、「知識」です。

会社の収益の源泉、給与の源泉がどこにあるのかを知らないだけなのです。

とにかく、１人あたりの付加価値額を高めることがいかに重要であるかを、経営者だけでなく社員全員が意識できているかが非常に重要です。

「最小の資本と人で、最大の付加価値を生み出す」仕組みをつくれ

先ほど「日本の会社には知識が足りない」と言いましたが、足りないのは知識だけではなく、残念ながら付加価値を高める「能力」も学べていないように思います。

この場合の能力とは何を指すのでしょうか？　それは「最小の資本と人で、最大の付加価値を創出する力」です。詳しくは後述しますが、「最小の資本と人で、最大の付加価値を上げる」というのは、キーエンスの最も大切な経営理念でもあります。

日本の多くの会社は、経営者も社員も、この「最小の資本と人で、最大の付加価値を創出する力」を培ってきませんでした。

私はよく、日本の労働環境へのアンチテーゼとして「日本はこれまで平均給与を上げることができない仕組みをつくり上げてきた。その代表例が年功序列制度だ」と言います。年功序列

それ自体は大きな問題ではありません。年功序列によって、最小の資本と人で、最大の付加価値をあげるための、自己研鑽しない社員が増える土壌をつくってしまったことが問題なのです。

日本の会社も、お客様に提供する付加価値額を向上させるための教育を自発的に行っていれば、それほど問題はなかったと思います。しかし、そうした教育を怠り、加えて年功序列で勝手に収入と地位が上がっていく環境が「社員が勉強しない」状態にしてしまい、結果として、「最小の資本と人で、最大の付加価値を創出する力」を高めなくなってしまったことが問題なのです。

このような状態に陥ってしまうと、会社の収益の源泉である「1人1時間あたりの付加価値生産性」は絶対に伸びていきませんし、社員の給与も増やせません。これは中小企業に限らず、大企業でも同じです。

たとえば、「年商8兆円、営業利益4000億円、従業員数20万人」と聞くと、順調に業績を上げている大企業に見えます。しかし、この企業は、1人につき年間200万円の給与を与えると、この会社の利益はほぼ0になってしまいます。

一方で、キーエンスは年商9225億円、営業利益約5000億円、関連企業も合わせた従業員数は約1万人です。つまり、1人あたり年間5000万円の給与を与えて、ようやく利益

最小の資本と人で、最大の付加価値を生み出す

年商8兆円　営業利益 4000 億円
従業員数 20 万人

**1人平均 200 万円給与を上げると
利益は 0 になる**

年商 9225 億円　営業利益約 5000 億円
従業員数約1万人

**1人 5000 万円給与を与えて初めて
利益は 0 になる**

が０になるのです。私は、ここにキーエンスの社員が高い給与を得られている秘訣を見出しています。

私が感じたキーエンスという組織は、社員全員が高い成果目標を掲げたくなり、その目標を達成したくなり、その目標を達成するための能力アップと行動をしたくなる仕組みが構築されていました。高収益、高給与を実現する会社になるためには、同社のような仕組みをつくることはとても効果的だと思います。そのような仕組み化、構造化ができ、それを継続的に展開できたとしたらどうなるでしょう？　同じ１０００件の顧客リストをもとに営業活動しても、受注確率やリピート頻度や単価を大幅に上げられる、つまり、同じ時間で、まったく違う行動の量と質で、まったく違う大きな成果を生み出せるようになるのです。

ここで重要な要素となるのが「報酬・評価制度」です。

人を動かすためには、まずはきちんとした評価制度をつくることが重要です。しかもその評価制度が「報酬制度に連動して設計されている」こと、さらに「確実に会社全体と部署レベル、そして個々の社員の成果を生み出す評価制度である」ことが必須条件です。

最小の資本と人で、最大の付加価値を創出するためには、《業績連動型賞与制度》や《相対評価制度》、《クラス別報酬制度》などを取り入れ、社員に確実に、なおかつフェアに会社の収益を分配することが大切です。そのあたりについては後ほど詳しく解説します。

誰もが「少しの勇気」と「価値ある努力」で目指せる高給与

高給与を実現するためには、組織にいるすべての人間が、同じ意識のもとに行動することが必要不可欠です。

最も重要なのは、「付加価値が先につくられて、利益が先に出て、それが最終的に給与として分配されるのだ」という意識を持つことです。 特に社員は、「給与をもらうから価値をつくる」のではなく、「価値をつくるから給与をもらえる」という意識を持つべきです。そして会社側も、価値をつくって、結果として会社の利益が出て、最後に社員全員に還元していくという仕組みに変えていかなければなりません。その仕組みが構築できれば、会社は儲かり、経営者は絶対に損をしなくなり、社員の給与は上がり続けます。

社員が持つべき意識、という点でもう一つ大切なことがあります。それは、組織にいる人みんなが「少しの勇気」を持つことです。

少しの勇気とは何か？　それは自分が今いる場所から一歩踏み出すこと、つまり「自分がいる場所の外側（担当業務以外）にも目を向ける」ことです。なぜなら、高給与の源泉である価値とは、自分の問題を解決するだけでは得られないからです。それを続けていけば、たとえあなたが経理部などのバックオフィスにいたとしても高給与になっていきます。なぜでしょうか？

もしあなたが経理部で働いていて、ある日のデータ入力作業が予定より早い時間に終わってしまったとしましょう。「余った時間で、もっと別の作業をしますね」と言って働いたとしても、あなたの給与は絶対に上がりません。上司から「いつも頑張ってくれてありがとう。あなたのおかげで私たちの仕事はすごく早く終わります」と言われ、お礼としてお菓子を手渡されることがあるくらいでしょう。

では、給与を上げるために、あなたは何をしなければならないのでしょうか？

それは、「自分がデータ入力作業を早く終わらせた仕組みを、経理部の人と、周りの人（経理部以外の人）にも教える」ことです。たとえば、それを経理部の人全員でできるようになれば、5人でこなしていた仕事を3人でこなせるようになったりします。2人分の効率化ができ、会社は同じ人数で、新たな部を立ち上げることができるようになるかもしれません。これは会社の経営者にとっては大きな価値です。

また、データ入力作業の効率化を営業部や部の人たちに教えるとしましょう。

その結果、それまで営業担当者100人が経理関係のデータ入力に費やしていた時間が、月5時間から月1時間に減ったとします。ということはつまり、営業部全体で「4時間×100人×12ヵ月＝年間4800時間」もの時間削減ができたことになります。4800時間といえば、およそ社員2人分の年間労働時間です。

あなたのおかげで、そんな効率化を短期間で達成できた、となればどうなるでしょうか。まず、経理部はその価値を失うことなく、人数を縮小できます。「こんなに多くの人員は必要ありませんね。何人かほかの部署に行ってもらって、企画の仕事をお願いしましょう」と、会社全体の人員数はそのままに、さらなる人的リソース強化が可能となります。

そんな改善を達成できるのであれば、経営者は、データ入力時間を最小限に抑えたことによる「大幅コスト削減」に大きな価値を感じて、あなたの給与をアップしてくれる可能性が高まります。

こうした「少しの勇気」と、前述した「価値ある努力」が、会社の収益を向上させ、結果として、あなたの給与を押し上げることになるのです。

経営者は社員に「給与を上げる仕組み」を明示し、約束すべし

このように、自分一人の業務範囲から、チームや部署の業務範囲、さらに会社組織全体と、自分の守備範囲の外側に目を向けていき、あなたが生み出した価値を最大化していくことが重要です。会社はそれを実現できる人に注目しますし、その実績を具体的な数字で見える化できると転職においても非常に有利です。「このようなコスト削減を、御社でもやってみませんか?」とあなたが言えば、面接官は必ず「ぜひうちに来てほしい」と答えるでしょう。

ただし、転職は給与を上げるうえでの第2の選択肢です。最初に取るべき選択肢は、今いる会社で給与を上げる努力をしてみることです。それでもダメなら、転職という選択肢もやむをえません。

今の月収が30万円の人が、転職して月収35万円になったとします。しかし、転職先でその月収が、さらに40万円、50万円と上がっていくかどうかはわかりません。もし転職先で思うよう

に給与が上がらなければ、その人は、給与を上げるために再度転職をして月収40万円以上の会社に移らなければなりません。しかし、転職を連続して行っている人は、実績をうまく示せるまでは、給与が下がってしまうことは、十分にあります。その状態にある方には、面接官や経営者は厳しい目を向けてきますし、ある意味非効率的になってしまいます。したがって、今いる会社で給与を上げる仕組みを、上司や経営者と手を取りあってつくりあげていくことが第一手といえます。

経営者も、社員がほかの会社に移ってしまう前に、会社の付加価値向上、収益向上に貢献してもらいながら、なおかつ給与も上げる仕組みや環境をつくるべきです。そして、彼らに対して、「私はその施策に真剣に取り組んでいるのだ」ということをきちんと伝えることが大切です。そうすれば、優秀な人材がわずか5万円の給与アップのために退職してしまうリスクも減らせ、「今の会社で頑張れば、もっと給与が上がる」と思ってくれて、あなたの会社に定着してくれるはずです。

大事なのは、経営者が社員に対して「収益と給与を同時に上げる仕組み」を説明し、その仕組みを実行に移すと明言し、「収益と給与を同時に上げる仕組み」を約束することです。「こういう仕組み、評価・報酬制度に則って、これだけ収益が上がったら、あなたたちにこれくらいの割合で還元します」と約束するのです。みなさんの給与も増やすつもりです」という曖昧な言葉だけではダメです。社員は「会社が儲かっても、内部留保に回してしまうのではないか」「利益が増えた分、経営者や役員が報酬として自分たちの懐に入れてしまうかもしれない」と考える人もいるでしょう。

そして、その采配が経営者にある状態では、社員それぞれは、自分の意思では前に進みません。儲かった経営者を見て、媚を売ろうとしてきます。お客様・市場ではなく、経営者のほうに目線を向けている組織がうまくいき続けるわけがないのです。

そして、「収益と給与を同時に上げる仕組み」に約束がされていれば、もし会社が経営的にピンチに陥ったとき、給与が上がらなかったとしても社員は自責の念を感じ、会社のピンチを一緒に乗り切ろうとしてくれる可能性が高まります。

かつてのリーマンショックやコロナショックの際には、多くの会社で賃金が大幅に低下しました。実際キーエンスでも大幅に下がったのです。しかし、この「収益と給与を同時に上げる仕組み」に約束がされていたために社員たちは賃金低下を「会社のせい、経営者のせいだ」と言うのではなく、「どうすれば、再度収益を高めることができるのか?」を考えたと思います。

彼らは、「会社は、最初に決められた評価・報酬制度に則って約束通りの給与を払おうとしてくれている。今は辛抱しよう。そして状況が改善したら、より多くの価値をつくって市場に提供し、より多くの売上・利益を出せばいいのだ!」と考えたはずです。経営者と社員がともに手を取りあい「高収益」「高給与」を目指し、実現するためには、この「約束」と両者間のコンセンサスが必須条件となることを忘れてはなりません。

次章では「なぜ給与が上がらないのか?」について、さらに掘り下げて考えていきます。日本の会社で給与が上がらない根本原因を探り、そこにはびこる問題を明確にすることで、本質的な解決策が見えてくるはずです。

第 2 章

なぜ給与が上がらないのか？

INCREASE ADDED-VALUE
FOR MORE
PRODUCTIVITY
AND
PROFITABILITY

給与を上げられない「ハリボテ経営者」の4つの特徴とは

前章で、日本の会社で給与がなかなか上がらない大きな原因の一つは、「1人1時間あたりの付加価値生産性」が低いことだと述べました。また、給与を上げるには、まずは会社の収益をアップさせることが必須条件であり、そのためには個々の社員、幹部クラスの人たち、経営者がそれぞれの立場で考え行動し、全社一丸となってこの問題に取り組むことの重要性についてお話しししました。

本章では、多くの会社で給与が上がらない原因はどこにあるのか？　をもっと詳細に探るために、「経営者」「幹部層」「社員」という3つの観点で、そこに内包される本質的な問題点を掘り下げて考えてみたいと思います。

最初にみなさんにお伝えしておきたいのは、給与が上がらない原因と、そのような状況を生み出している責任は、「経営者」にも「幹部層」にも、そして「社員」にもあるということです。

この中でも特に、経営者に大きな問題があると私は考えます。

まずは、そんな経営者の問題にフォーカスして見ていきましょう。

社員が必死に働いているにもかかわらず、彼らの給与を上げようとしない（または、上げられない）問題のある経営を続けながら、現状に満足している経営者がいます。少し厳しい言い方かもしれませんが、私はそんな人たちを「ハリボテ経営者」と呼んでいます。「ハリボテ経営者」とは、表向きの言動や言っていることは立派だけれども、実質が伴っていない経営者のことです。

そんな「ハリボテ経営者」の下で働いていても、将来的に社員の給与が上がる（上がり続ける）可能性はかなり低いと言わざるをえません。もしあなたがそんな経営者の会社で働いているとしたら、その会社を辞めて「もっと高給与の会社に転職する」という選択肢もありでしょう。もしかしたら、あなたが辞めることで経営者が目を覚まし、自分自身のあり方を見直すきっかけになるかもしれません。

では、あなたが働く会社の社長が「ハリボテ経営者」かどうかを見抜くにはどうしたらいいのでしょうか？　「ハリボテ経営者」には、次のような4つの特徴があります。

❶「言っていること」と「やっていること」が違う

❷「他責思考」で、経営の根幹を人任せにしている
❸自分自身も会社も「もっと成長しよう」と思わない
❹ビジョンと経営戦略を持っていない

これらを順番に一つひとつ見ていきましょう。

❶「言っていること」と「やっていること」が違う

よく「全社員が活躍でき、生き生きと楽しく働ける、社員もその家族も幸せになれる企業を目指している」という言葉を、経営方針・理念として掲げている経営者がいます。そう聞くと、「大勢の社員を抱えているのに、この社長は頑張っているな。すごい会社だな」と思います。そんな会社はきっと社員の給与も高いんだろうなと思っていると、実は社員の平均年収が300万円程度だと聞いて驚くことがあります。

そうした会社の経営者には、懸命に経営を頑張っている人もたくさんいますが、中には真摯に経営に取り組んでおらず、仕事もそこそこに、毎晩飲み歩いているような経営者もいます。言っていることと実際にやっていることが、まったく異なる経営者の典型です。

そういう経営者の多くは、「今は経営が苦しいが、この商品は必ず売れるはずだから、何とか一緒に頑張ってくれ」「本当はもっと給与を上げてあげたいが、経営状態が厳しくて……。ごめん、もうちょっと我慢してもらえないだろうか？」などと、聞こえのいい優しい言葉を発します。しかしその裏で、自分だけ楽しみ、経営者仲間にだけ、良い顔をしている。そんな自分のプライドを守ろうとだけするハリボテ経営者もいるのです。そんな経営者に、社員たちはつい「もう少しこのまま頑張ってみよう」と思って、安い給与で働き続けることになるのです。

反対に、「必ずみんなの給与を上げる」と宣言し、経営に真摯に取り組み続けた結果、言葉通りに社員の給与や待遇を徐々にでも上げていける経営者は「ハリボテ」ではありません。彼らは真の経営者であり、同時に「社員と一緒に夢を追っている仲間」と言えます。

判断要素は、「言っていること」と「やっていること」が一緒かどうかです。

❷「他責思考」で、経営の根幹を人任せにしている

自分以外の人や状況に責任があると考える「他責」の意識は、その人のちょっとした言葉に出てきます。

私はクライアント企業候補の経営者にヒアリングするとき、最初にさまざまな質問を投げかけます。そのとき、経営の本質的な部分に関わらないことであれば、「たぶん担当部署で、こんな感じでやっていると思いますよ」という回答でも大丈夫です。

しかし、商品企画やマーケティングのような、会社全体の業績、経営の根幹に直接的に関わることについて尋ねたときにも、「それはマーケティングの部署に任せているので、私はよくわかりませんね」と答える経営者がいます。

こちらとしては「え、あなたは経営者ではないのですか？」と思うのですが、意外にそういう他責思考の経営者が多くいます。会社が成長するためには、マーケティングとイノベーションはその根幹であるにもかかわらず、自社のマーケティング戦略や、どのような施策を展開しているのかを知らないのは、経営者としてかなり深刻な問題です。

会社にとって最も重要なことに対して他人事のスタンスでいる時点で、「会社のことを真剣に考えていない社長」「他責思考の経営者」であるということがわかってしまいます。経営において本当に大事な部分に対して他責状態だと、会社のトップとして組織をグリップできていないということでもあり、その会社は絶対にうまくいきません。

最近の国内企業の優れた経営者トップ3といえば、ソフトバンクグループの孫正義さん、フアーストリテイリングの柳井正さん（現・会長兼ＣＥＯ）、ニデックの永守重信さんあたりの名前が挙がるでしょう。３人とも常に厳しいことを言っていますが、タフ・エンパシー（厳しい思いやり）を持ち、リストラもせず、しっかりと社員の給与も上げています。もちろん、マーケティング戦略など経営の根幹部分は人任せにせず、自ら責任を負っています。

彼らのことを悪く言う経営者もいますが、そうした人たちには、おそらく孫さんや柳井さんのような経営ができる自信がないのです。口では立派なことを言いますが、会社の業績は上がらず、社員が大事だと言いながら平気でリストラをし、給与を下げたり賞与を出さなかったりと、同じ経営者でも大きな違いです。

❸自分自身も会社も「もっと成長しよう」と思わない

「去年よりも今年、今年よりも来年はもっと人間として、経営者として成長しよう！」という意識を持っていない人は、「ハリボテ経営者」の可能性が高いと言えます。

なぜなら、「経営者の器＝会社の器」だからです。一人の人間として、経営者として大きな器を持たなければ、会社を大きく成長させることはできません。自分よりも賢い人、能力の高い人を周りに集めたアンドリュー・カーネギーは、とても大きな器を持っていました。だからこそ経営者として成功できたのです。また、個人としてのみならず、「会社をもっと成長させよう」「会社の規模をもっと拡大しよう」と思わない経営者も問題です。

ときどき、「これくらいの年商で、うちはもう十分ですよ」と言う経営者がいます。それで社員に十分な給与を払えて、なおかつ毎年給与を上げられていたらいいでしょう。しかしそうでないなら、その人は「ハリボテ経営者」であると言わざるをえません。

たとえば年商が50億円で従業員が500人いる会社があるとしましょう。社員の平均年収はおそらく400万円前後といった感じで、決して十分とは言えません。年商50億円なら、営業利益は3億円から5億円でしょう。

その状態で全社員の年間給与を、100万円アップしたらどうなるでしょう？　100万円×500人＝5億円ですから、それだけ給与を上げたら会社は立ち行かなくなります。つまり、その状態で、「これくらいでいい」と言っていたのでは経営者として未来が見えてないといえてしまうのです。

20代で独身なら年収400万円でもいいかもしれません。しかし、30代、40代になって、さらに家庭を持っても同じ金額で満足な生活ができるでしょうか。社員は「せめて10年後には年収を100万円上げたい」と思うでしょうし、経営者にも「それくらいは賃金アップしていこう」という気概が必要です。そういう思考を持たない経営者は、自社と社員の「今」しか見ておらず、「5年後、10年後の社員やその家族の生活」のことを考えていないのです。

社員の給与が上がっていくことは、「1人1時間あたりの付加価値生産性」が上がっていくことです。それが上がれば、必然的に会社の規模や生産性が拡大していきます。逆に言えば、粗利益の規模、利益の規模が拡大していかなければ、給与は上げられません。にもかかわらず、年商がある程度の規模にまで拡大したとき、「もうこれくらいで十分ですよ」と言ってしまうのは、「社員の給与も、これくらいで十分です」と言っているのと同じです。

そんな経営者の下にいては、社員の給与は場合によっては下がりこそすれ、絶対に上がることはありません。

❹ビジョンと経営戦略を持っていない

経営者の質をはかる基準の一つとして、「会社の将来に対する、明確なビジョンを持っているか」があります。しかし、どんなに明確で立派なビジョンを持っていても、そのビジョンを実現するための経営戦略や知識がなく、しかも行動や成果が伴わないなら「ハリボテ経営者」になってしまいます。

戦略がなく、経営に関する知識に乏しい経営者でも、強いビジョンを全面に打ち出せば、ある一定レベルまでの企業規模拡大は、気合いで達成できるかもしれません。しかし、どこかで拡大はストップします。

たとえば飲食チェーン店を新規開業して、「みんな頑張るぞ！　目指せ100店舗！」と言っていても、気合いでいけるのは、せいぜい20〜30店舗、年商20億円から30億円程度でしょう。ビジョンと経営戦略が一体となったときに、初めて大きな力を発揮します。ビジョンだけだと大きな事業拡大は望めませんし、ビジョンがなく経営戦略だけで突き進んでも、誰もついてこなくなってしまいます。両方がそろっている組織が強いのです。

ビジョンと経営戦略を持っていない経営者の会社が、毎年のように事業規模を拡大し、利益を上げ続け、成長し続けることは非常に困難です。そのような経営者の下にいて、どんなに頑張って働き続けても、あなたの給与が上がることはないのです。

このパターンのときには一点だけチャンスがあります。1〜3は超えてきて、ビジョンはある。しかし、経営戦略（知識・能力）がない・足りない場合です。あなたがその経営戦略立案と実行を支援できたときには、あなたは経営幹部として昇格し、高賃金化を果たす会社の一役を担える可能性があります。

以上が、社員が必死に働いているにもかかわらず、給与を上げようとしない（または、上げられない）」「ハリボテ経営者」の特徴、チェックポイントです。

みなさんが給与をもらって働く立場なら、ここで解説したポイントで、あなたの会社の経営者をチェックしてみてください。また、あなたが経営者なら、「自分はハリボテ経営者になっていないか」を改めて確認してみましょう。

非常に残念なことですが、ここで挙げたような特徴を持つ経営者は、今の日本を見渡すと山のように存在します。いつまでたっても日本の会社の給与が上がらない、という根本的な問題解決のためには、経営者も社員も、まずそうした事実を改めて再認識することが重要です。

「大事なのはお金じゃない」と言う経営者は給与を上げられない？

経営者というものは、常に「付加価値生産性」を向上させ続けるための戦略を立て、成果の出る施策を実行し続けなければいけません。しかし、給与が上がらない会社の経営者の多くは、それができていません。それは、そもそも社長に「社員の給与を上げよう」という気がないということにほかなりません。

経営者であるならば、まず「会社の収益をもっと高めて、社員の給与をもっと上げてあげたい」というマインドを持つべきです。そうした気持ちを持っていて、なおかつ、「顧客に対して高付加価値を提供する経営」の重要性がわかっている経営者の会社では、おそらく社員の給与は高く、毎年上がり続けているはずです。

一方で、「社員の給与をもっと上げてあげたい」という強い気持ちを持っていながら、それを実現できない経営者もいます。彼らの多くは、「社員を大切にしたい」「もっと待遇をよくしてあげたい」と言いながら、経営に対する考え方、やり方が間違っているのです。気持ちとしては、本気で社員やその家族を幸せにしたいと思って頑張っているのですが、「付加価値をつくり、それを社会と顧客に提供して利益を出すことこそが、経営の最重要課題である」ということがわかっていないために成果が出ないのです。付加価値を生み出して、それを確実にお客様に提供すれば、きちんと利益が出て、その利益を社員に分配できます。

それができない経営者には、ある共通の特徴があります。**彼らの多くは、「お客様に心を尽**

くしたサービスを提供して、喜んでもらいたい」と思うがゆえに、「値引き」を安易にしてしまうのです。これは経営において最悪と言うべき手法です。お客様に心を尽くしたつもりで安易に値引きをしてしまうと、会社の業績にダイレクトに影響し、確実に利益（粗利）が落ちます。利益（粗利）が落ちたら、もちろん給与は上げられません。「１人１時間あたりの付加価値生産性」も下がるので、社員にも今まで以上に長時間働いてもらわないといけません。しかも、利益が減ってしまった分、経営者自身も長時間働かないといけなくなります。

そうなってくると、自分の家族から「あれが欲しい」「ここに行きたい」と言われても、お金と時間の両方がないため、叶えてあげられません。そして、自分や家族の幸せも実現できないのに、社員を幸せにすることなどムリだ……。と、どんどんすさんだ心になっていきます。

そんな経営者の多くは、「大事なのはお金（利益）じゃない。世のため人のためになることが大切なのだ」と考えてしまっているのです。

ここで断言しておきます。「値引き」は世のため人のためになることではありません。世のため、人のためになることには「価値」があり、価値の対価として価格があります。その価格を下げるというのは、世のため人のためになっていないと認めることになってしまうのです。

これは、もちろん戦略的な価格を持つなという意味とはまったく異なります。規模の原理や

DX化の恩恵を受けて、価値をより展開するために、価格を下げるというのは戦略的には問題ありません。

間違いは、世のため人のためにと考え、値引きをし、自社の収益を下げ、従業員の給与を下げ、結果会社の運営ができなくなるサイクルに入ることです。善意の値引きはビジネスではなくボランティアです。

もしボランティアで値引きするのであれば、「これはこれまでお世話になっている○○様に対してのボランティアで値引きをする。悪いが協力してくれ」と社員に伝えましょう。そのほうが誠実です。そのときの社員の顔を見て、今後その顧客企業との関係を考えましょう。

また、安易に値引きしてしまうのは、お客様があまり欲しくないものを、無理して売っている状態とも言えます。お客様が本当に欲しいもの、ニーズを叶えるものなら値引きなどせず、高く売れるからです。

そうした会社、経営者はマーケティングの本質、すなわち「付加価値の本質」がわかっていません。それがわかっていれば、付加価値を提供したお客様が心から喜んでくれるので、商品・サービスはさらに売れるようになり、自然な流れで高収益の会社になっていきます。きちんとお客様のニーズを叶える付加価値をつくることができたら、お客様から「その商品（サービス）をもっと欲しい」と言われ、自然に会社は規模拡大していき、社員の給与も自然に上がっていくのです。

給与を上げたいと思っているのに上げられない経営者の会社に、いい人材は定着しません。そうした会社に何とか社員が定着してくれているのは、経営者や上司の人柄、働きやすさ、居心地のよさといった要素のためであり、そうした副次的な要素が理由で働いている社員は、いずれその会社から去ってしまうでしょう。多くの社員が本当に求めているのは、「高給与」なのです。

社員の給与を上げるためには、まずは経営者が「付加価値を利益に変えて、その利益を社員に分配する高賃金化を実現するのだ」という強い思いを持つことが必須条件です。それが高賃金化におけるスタート地点、起点となるのです。

しかし残念ながら、そうした思いと知識の両方を持っている経営者は少なく、一方で、先ほど述べたように「給与を上げたいのに、上げられない経営者」も多くいます。世の中の経営者のほとんどが、この2パターンのいずれかでしょう。

今はどこも人手不足です。給与アップという課題に真剣に取り組み、実際に上げられている会社にいい人材が集まります。反対に、上げたいと思わない会社、上げられない会社には、いくら望んでもいい人材は来ません。経営者は常にそのことを肝に銘じておくべきでしょう。

「成長をやめた、意思決定権を持つ幹部層」ほどやっかいなものはない

給与が上がらない元凶となっているのは、経営者だけではありません。「幹部層」に問題がある会社も数多くあります。

最も問題視すべきは、年功序列や権威にあぐらをかいた、50代を中心とした幹部たちです。「年功序列で、このポジションにいるから安泰だ」「定年までこのまま何事もなく過ごしたい。できるだけリスクを冒さないようにしよう」と思っている人がたくさんいるのです。

彼らの多くは、新しい知識を身につけるためにもっと勉強しよう、成長しようという意欲に欠ける傾向があります。にもかかわらず経営や事業部における「意思決定権」を持っているという、非常にやっかいな存在です。

彼らは口では「私たちはもう歳なので、考え方が古い。これからは若い人たちの感性が必要だ」などと言います。若手社員にしたら、「それなら、意思決定権を持つ立場から早く退いて

あなたたちは、会社にとって邪魔な存在だ」と思っているかもしれません。

今の世の中は、新しい知識を学んでも、半年後、1年後にはまったく役に立たなくなるような、ものすごいスピードで変化しています。学びや成長をやめた幹部たちが意思決定権を持って組織の上位にいるという時点で、その会社は終わっていると言っても過言ではありません。会社として何か新しいことを始めるとき、幹部たちが新しい考え方や仕組みを理解し、意思決定してくれるのを待っている間に、世の中はあっという間に変わってしまい、その会社は大きく後れをとってしまうからです。

本来であれば、彼らは若手社員たちに対して、「私に知識不足があったら、何でも教えてほしい。私も、もっと新しいことを勉強して成長していくつもりだ」と言わなければなりません。その気概がなくなったのであれば、第一線から退いて顧問や相談役になってもらうべきでしょう。彼らが持つ経験や知見、人脈は、この先も会社にとって役に立つはずです。しかし、彼らが意思決定権を持つポジションのど真ん中にいるのは、会社や若手社員たちにとって邪魔でしかないのです。

ここで根本的な問題として注目すべきは、やはり、彼らが「意思決定権を持っていること」

です。彼らがいくら年功序列や権威にあぐらをかいていたとしても、意思決定権さえ持っていなければ、あまり大きな問題にはなりません。または、意思決定権を持っていても、すぐに的確な意思決定をしてくれるのであれば問題はないでしょう。しかし、意思決定権を持っているにもかかわらず、目の前の物事に対して自分が理解できるまでは意思決定せず、理解しようという気すらない幹部がいると、いくら優れた経営者がいても、**いくら優れた若手がいても、彼らの理解力という足かせが働き、会社の生産性向上、収益向上、結果的に給与アップを妨げるブレーキとなってしまいます。**

彼らはスピーディーに意思決定できません。みなさんも、お客様に対して新商品・サービスの導入を提案したとき、幹部クラスの人に「わかりました。じゃあ、とりあえず検討してみます」と言われたものの、いつまでたっても一向に意思決定してもらえない、ということがないでしょうか。すぐに決められないのなら、こちらとしては、むしろすぐに断ってくれたほうが気が楽です。私も、大企業の部長クラスの人から、「検討します」と言われたあと、まったく返事をもらえないことがよくあります。

そういう幹部が意思決定できるタイミングは、同業他社の導入事例や成功事例を知って、社長から「なんだ、あの会社うまくいっているじゃないか。これと同じような提案がうちにも来ていただろう。なんですぐに導入しなかったんだ！」と言われてからでしょう。そのような幹部層がいることによって、組織全体のスピードが落ち、生産性も落ちて利益も向上せず、社員の給与も上がらなくなってしまいます。

ちなみに、私はコンサルタントという立場の外部の人間なので、そうした幹部たちがいたとしても、社長と部下たちとの間に入り、意思決定する場で、社長に「それなら、そうしましょう！」と言ってもらえるようなやり方を探せるのですが、社内の人はそのような裏技は使えません。

「枷となるポジション」の幹部層によって機能不全に陥っていないか

このように、組織構造の構築・機能に悪影響を及ぼす人々、組織を機能不全に陥らせるような存在を、私は、「枷（かせ）となるポジション」と呼んでいます。「枷」とは「足枷」というように、心理的・物理的に、進化の妨げになるものを指します。

この「枷となるポジション（立場、姿勢、見解）」という考え方は、拙著『構造が成果を創る』の中でも触れている重要な視点です。組織には、自分自身の解釈や感情を盾に、成果を生むための構造変革に対して、自らを「枷となるポジション」として、固定してしまう人がいます。彼らは、「自分のやり方が否定されたように感じる」という感情や、「新しいことを始めるのが面倒だ」という感情によって、構造がうまく機能することを妨げる「枷」を生み出してしまうのです。

枷になっている幹部層がいる組織構造の問題について、一つ例を挙げておきましょう。これは、ある年商1兆円の企業の例です。大企業なので、縦型階層構造を持つピラミッド型の組織になっています。

この会社の会長は、社長以下、全役員・社員に「DX（デジタルトランスフォーメーション）、ペーパーレスを推進せよ」と言っていました。あるとき、現場の社員たちが、上の階層（上司）に対して、「ファックスの代わりに、こんな新しい通信システムを入れたらどうですか？」と提案。組織の階層が深いので、課長、部長、本部長、執行役員といくつもの層を経て、提案が上へ上へと上がっていくことになります。

途中の階層までは、「ぜひ導入しよう」とOKが出ましたが、本部長クラスになってくると、現場のオペレーションのことがよくわからず、この提案の良し悪しの判断がつきません。その結果、「我々では判断できないので、現場の社員の意見もわかるが、費用対効果がわからないなら、採用は見送るべきではないか」となりました。

そうなると、それ以上の階層に提案が上がらなくなるので、今度は上から下へと「?（はてな）＝費用対効果がよくわからない」と返してしまい、結局この提案は却下されてしまっていました。

このように意思決定権を持ちながら、物事の良し悪しが判断できず、下から上がってきた提案を「?（はてな）」で返してしまっている人たちが問題なのです。

こうした会社が変われる方法としては、ピラミッドのトップ部分（＝意思決定層）をせいぜい10名くらいにおさえ、彼らが組織全体のオペレーションを把握して、すべての物事をスピーディーに決められるような状態にすることです。

よく、「これをこうやってほしい、ときちんと指示を出しているのに、なぜか現場がちゃんと動いてくれないんだよね」とぼやく経営者がいます。年商1兆円規模の大企業に入ってくるような若手社員たちは、人一倍勉強もしてきた人たちばかりで能力も高く、現場の人間にやる気がないわけではありません。なのに、なぜ現場が動かないのかと思ってよくよく見ると、中間層に重大な問題があった、ということが多々あります。

この場合、中間層・幹部層に意思決定権を持たせなければ、もしくは、「意思決定をする」という責任を持たせれば、問題は解決する方向に進みます。彼らが理解できない、それゆえに判断できないことこそが、会社がうまく動かない理由なのです。

大企業では、経営者ではなく、こうした中間層の存在が、給与が上がらない元凶となっているケースが多く見られます。大企業の経営者たちは、みなさんとても賢く、知識もあり、剛腕、敏腕です。しかし、そんな優れた経営者に幹部層がついていけないのです。

また大企業の場合、社長といえども3年や5年で交代になることも少なくありません。幹部層からすれば、いずれトップが変わると思うと、「よし、この社長についていこう！」という意識も低いのです。

こうした「枷となるポジション」の問題は、会社の中で走っているプロジェクトにおいても発生します。

プロジェクトには責任者が必要です。たとえば、先ほど挙げた例のように、1兆円企業でD

Ｘに取り組むとなると、各部署で責任を担うプロジェクト推進者が100人くらい必要になります。同時に数多くのプロジェクトが動き、事業部や課といった単位でプロジェクト推進チームが必要となるためです。このとき、プロジェクト全体を統治する経営者がどれだけうまく旗振り役を務めても、「枷となるポジション」の責任者がいると、そのプロジェクトは絶対にうまく進みません。

ここまで述べたように、給与が上がらない原因の多くは、経営者だけでなく幹部層にもあります。今自分が働いている会社が、将来的に給与を上げてくれる会社なのか否かを見極めるには、経営者だけでなく、「枷となるポジション」の幹部層によって機能不全に陥っていないかという点も、大切なチェックポイントとなってきます。

ちなみに、こうした幹部層の問題は、上場企業など年功序列制度をきちんと導入しているような会社に多いのですが、中小企業や中堅企業でも、古参の幹部層で見受けられます。そう考えると、やはり中小企業や中堅企業でも、給与が上がらない責任の多くは経営者にある、と言えます。

問題のある幹部を雇っている、その幹部をそのままの状態にしている、というのは経営者の責任でもあります。これは極論かもしれませんが、結局、社員の給与が上がらないのは最終的にすべて経営者の責任と言ってもいいかもしれません。

「給与」の源泉が「価値」であることを理解していない社員たち

ここまで、給与が上がらない原因を、経営者、幹部層という観点で見てきましたが、最後は給与をもらって働いている社員の問題について考えてみましょう。もしあなたが給与をもらう立場だとすると、あなた自身にも、給与が上がらない原因が少なからずあることを認識しておくべきです。

社員は、大きく次のような2つの問題によって、給与が上がらない状態をつくっています。

❶「給与」の源泉が「価値」であることを理解していない
❷自分の成果を「数値化」＝「価値化」していない

特に1つ目の項目が重要です。

第1章で「自分が1時間で生み出した付加価値額＝お客様・社会の役に立った金額が最終的

に給与として反映される」と述べました。つまり、みなさんは「お金をもらうから、働いている」のではありません。「働いて価値を生み出したから、その対価としてお金をもらっている」のです。この、労働とお金の関係についての意識を変えないかぎり、あなたの給与が大幅に上がることはありません。

なぜ自分が給与をもらえているのか、という仕事の本質、給与の本質を知り、その本当の意味がわかっていれば、お金をもらうための仕事をして、その仕事量を増やしていけば自然に給与は増えていきます。

ところが「お金をもらうから、働いている」という考えの人は、もらうお金の増やし方がわからない状態です。そのため、もし給与アップのために転職しても、入社時の給与交渉で前職より給与アップできても、転職後もずっと給与が上がり続ける仕組みを知らないために、それ以上給与を上げられません。

せっかく高給与をもらえる能力を持っているのに、肝心の給与アップの仕組みを知らないだけで、そのような状態に陥っているのは、非常にもったいないことです。仕事とお金の関係、その仕組みをきちんと理解して、あなたが本来もらうべき、正当な金額をもらうようにするべきです。

「給与」の源泉が「価値」であることを理解する

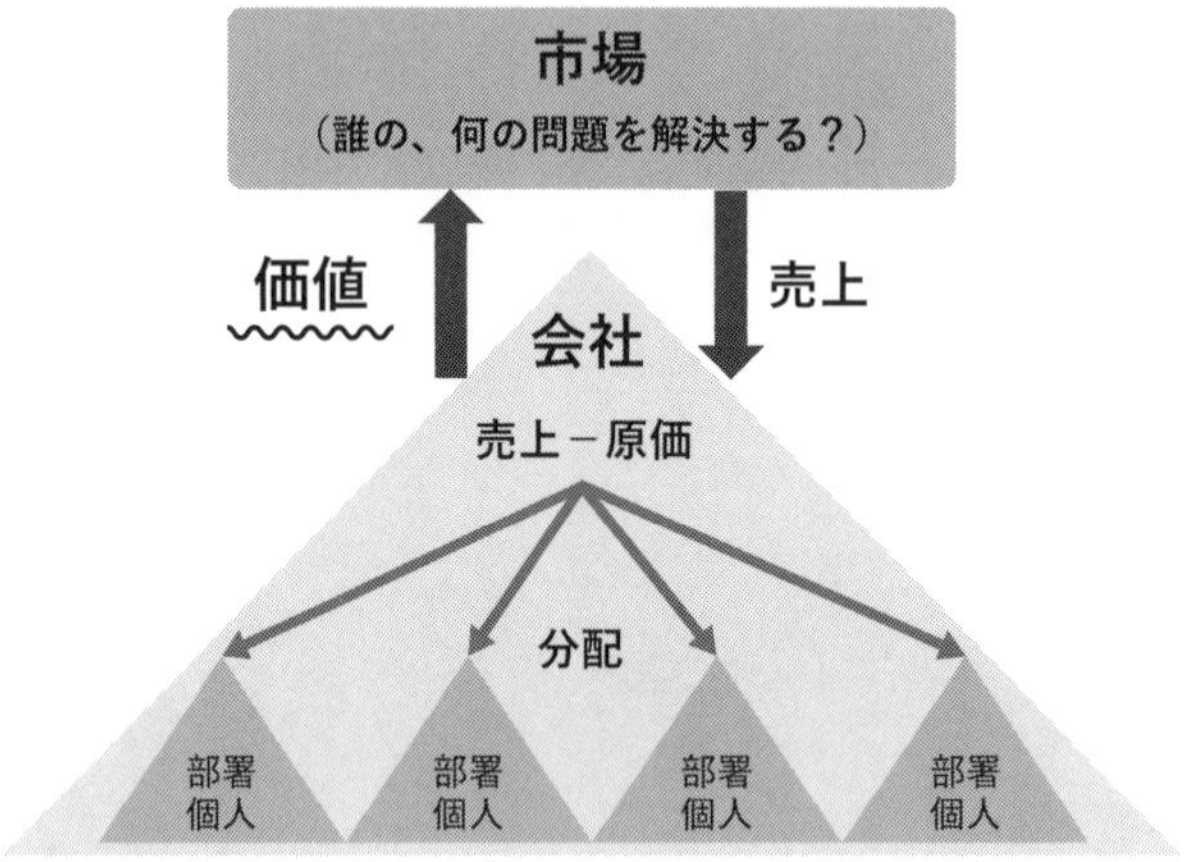

お客様に価値を提供して、会社に利益が入ってくることで、最終的にその利益が給与として分配されます。給与は、自分が生み出した価値をお客様に与えたことによる利益の分配であること、つまり「給与」の源泉が「価値」であることを理解せず、その反対の意識で仕事をしていたら、あなたの給与は一生上がりません。

また、給与が上がらない人は、価値を生み出す「仕事」ではなく、単なる「作業」だけをしている人とも言えます。ここで重要なのは、「仕事」と「作業」の違いをしっかりと認識することです。

たとえば、事務職の人が会社や上司から言われたことを、ただ淡々とこなしているだけなら、それは「仕事」ではなく「作業」です。「作業」だけにとどまってしまうと、作業時間や工数などに対する対価しかもらえないので、大幅な給与アップにはつながりません。

一見給与が上げにくそうなバックオフィスの仕事でも、第1章で例に挙げた経理部の社員のように、自分の作業を効率化し、効率化した仕組みを部署内、他部署、さらに会社全体に広げていくことで、給与を上げていくことができます。データ入力業務の効率化、それによる会社全体のコストダウン、業務のスピードアップなどに寄与することで、会社の事業推進に対する価値貢献度が高まり、会社側もそれを高く評価してくれるのです。


もし、十分に評価されていないと思ったら、あなたが生み出した成果をしっかりと上司や経営者に伝えてみてください。それでも給与が上がらなければ、転職を考えてもいいかもしれません。あなたの実績をアピールしていけば、「もっと高い給与を払うから、ぜひ、うちの会社に来てほしい」という会社が出てきます。

ちなみに、若さとエネルギーを買われて、「もっと給与をアップしてやるからうちに来ないか?」と、他社に引っ張られていく若手社員がいますが、それは、その人のポテンシャルにお金を払ってくれているだけです。その人がつくった価値に対してもらっているお金ではないので、転職後もさらに給与がアップしていく保証はありませんので気をつけましょう。

「今自分がやっている仕事は何のためか」「この業務が最終的に、どんな価値につながっているのか」ということがわかっていなければ、給与は上がりません。**今自分が行っている仕事の意味や価値を理解し、再現性をもった仕組みをつくり、その価値の影響範囲を大きくしていくことが、ストレートに昇進や給与アップにもつながっていくのです。**

給与の源泉が「価値」であり、自分自身が会社や顧客に対してどれだけの価値を提供しているのかを、よく考えてみましょう。「1日何時間、月に何時間働いているから、その労働時間提供の対価としてお金をもらっている」という感覚で働いていたら、残念ながらいつまでたっても、あなたの給与は上がらないのです。

「価値」を数値化し、「想定価値」を示さないと給与は上がらない

社員にとっての2つ目の問題は、自分の成果を「数値化」＝「価値化」していないことです。「成果の数値化、価値化の重要性」と「数値化の方法」については次章で詳しく解説しますので、ここではごく簡単に触れておくことにします。

先ほど、自身が生み出した成果・実績をしっかりと上司や経営者に伝えること、アピールすることが大切だと言いました。このとき重要なポイントがあります。それは、「自分がどれだけの成果を出しているのか」を数値化して、上司や経営者にプレゼンすることです。「私はこれだけの成果、すなわち価値を生み出しているのです」と数値で「見える化」しないと、上司も会社も納得・評価してくれません。

上司や会社から評価されず、給与を上げられない人は、自分が出した成果を数値化、価値化して上司や社長に伝えていません。彼らに、あなたが生み出す価値がどれくらいなのか、をわかってもらえない限り、正当な対価はもらえません。ただ「頑張っているんです、わかってください」と言ってもだめなのです。

また、ここで重要なのが「想定価値」という考え方を持つことです。「想定価値」とは、自分がつくり出した成果、価値が、最終的に組織全体でどれくらいの価値を生み出すと想定されるか、を示す数値です。

たとえば、あなたが営業だとして、今月の成約率が大幅にアップしたとします。そこであなたは上司にアピールするために、次のように想定価値を算出して伝えるべきです。

「私は、今月成約率を向上させ、先月に比べて、2000万円の売上アップ達成しました。この成果により、全社平均よりも1500万円／月大きな売り上げを出しています。この成果を出した仕組みや方法をうちのチーム内、部署内にも広め、さらに他部署や全社に拡大し、それを全社員が1年間継続できれば、〇億円以上の価値があると想定できます」

給与が上がらない人は、このように想定価値を算出して、上司や会社にアピールしていません。また、この「想定価値」という考え方は、経営者も知っておくべき非常に大切なポイントです。ぜひ社員の評価をする際の指標としてください。

また、「想定価値」の考え方、計算の仕方が理解できると、お客様に対しても、具体的にどれくらいの価値を提供できるのかを短時間で明確に語れるようになり、もっと商品が売れるようになります。詳細は次章で解説しますが、もしあなたが営業なら、この考え方と手法を身につけておくべきでしょう。

あなたの給与をもっと上げてもらうためには、成果を数値化、価値化し、さらに「想定価値」までを明確にして上司や会社に説明しなければなりせん。

それ以前に、日本ではそもそも給与交渉をしていない人が多いのではないでしょうか。もしあなたが高い価値を生む仕事をしているのなら、もっと高い給与をもらうべきであり、給与アップを要求するのは正当な権利であると、会社側に主張すべきです。

また給与交渉をする場合、「こんなに残業して頑張っているんです」「ときには土日も返上で働いています」といったように、成果ではなく、時間で交渉する人がいます。しかし、残業して長時間働くというのは、会社側からすると、余計なコストがかかっており、効率が悪く、1時間あたりの利益が少なくなると捉えられます。給与の源泉は「1人1時間あたりの付加価値生産額」です。このことが理解できていたら、残業は安易にすべきではない、ということがわかるはずです。もちろん1時間あたりの付加価値生産性が高い状態で、残業してもらうのは、経営者にとっては有難い状態です。

1時間あたりの付加価値生産性×時間が成果だということを改めて認識しておきましょう。

ここまで述べたように、あなたの給与が上がらない原因は、あなた自身にもある可能性があるのです。「給与」の源泉が「価値」であることを理解し、自分の成果を「数値化」＝「価値化」すること。この2つを理解・実践することで、まずは、あなた自身の力であなたの給与を上げるよう、チャレンジしてみましょう。

仕事の「仕組み化」「構造化」で自動的に給与は上がる

給与を上げるには、ここまで述べた「経営者の問題」「幹部層の問題」「社員の問題」を一つひとつ解決する必要があります。そして最も重要なのが、給与を上げるための組織全体としての取り組みです。

ここで重要なキーワードとなるのが、「仕組み化」「構造化」です。それは経営者のみならず、幹部層や社員も含め、全社一丸となって取り組むべき課題です。

個人的にも組織としても仕事のやり方を「仕組み化」「構造化」し、自然に給与が上がる流れをつくらないと給与は上がりません。なぜなら、給与アップは組織自体にしっかりと安定的に収益を上げる仕組み、構造がないと成立しないからです。

給与は会社としてずっと払い続けなければならないもののため、一人の社員がいくら短期間で大きく利益を上げても、会社は給与を簡単に上げられません。たまたま売上1000万円の案件を獲得できた社員に対して、「おお、よくやってくれたね」と、インセンティブとして50万円支払うことはできても、「今後、月10万円ベースアップするよ」とは言えないのです。

逆に「毎月確実に300万円、これまでよりも利益をあげてくれるのであれば、年俸を100万円アップする」「500万円利益を上げてくれるのであれば年俸を150万円アップする」といった形での給与アップはできますが、そうでない場合、簡単に給与を上げることはできないのです。

つまり、会社は「その人が再現性をもって継続的に出し続ける価値」に対して給与を払っていると言えます。

社員がお客様に常に価値を提供し、再現性をもって安定的に収益を上げる状態を仕組み化、構造化できると、会社は「この人の給与をアップしても大丈夫だ」と考えます。中小企業や中堅企業で、具体的な昇級制度がない会社だったとしても、そうした社員は社長が捨て置かないため、自動的に給与アップへとつながるでしょう。

大企業の場合は、社員の成果をきちんと評価制度に乗せて、段階を踏んで緻密に精査することが求められますが、中小企業であれば、その成果を数字で「見える化」し、「彼のおかげで営業部の生産性がこんなに上がったんです」と社長にアピールすればよいでしょう。そうすれば、「ああ、そうか。すぐに彼の給与をアップしてあげてよ」と、社長の鶴の一声でスピーディーに昇給できる可能性があります。

同じ時間で、より高い付加価値を生み出す仕組みをつくれば給与は増えます。仕組み化された仕事は、仕組み化前よりも時間がかからなくなるので、さらに2倍仕事ができるようになります。さらに仕組み化された仕事が増えるほど、3倍、4倍、5倍と仕事ができるようになっていきます。個人がほとんどの仕事を仕組み化できる状態になれば、「あの人ってすごい仕事できるよね」と言われ、その状態になれば、時給や月給が高くなるのは当たり前です。

さらに、仕事を仕組み化することで、自動化やアウトソーシングも可能になります。すべての作業はできる限り「仕組み化（システム化）」していくことが重要です。仕組み化して、誰でもできる状態になったものが「作業」です。その作業を自動化、アウトソーシングするのです。

ここで注意すべきは、業務をしっかりと仕組み化（システム化）してからアウトソーシングすることです。アウトソーシングしてもうまくいかない会社は、「まだ仕組み化されていない仕事」を外部の人に依頼してしまいます。すると、アウトソーシング先からの質問や問い合わせへの対応、ディレクションなど、想定していなかった新しい仕事（管理業務）をつくってしまうのです。そうなると、効率化のためにアウトソーシングした意味がなくなってしまい本末転倒です。

逆に、仕組み化された仕事を「作業」としてアウトソーシングすると、その結果生まれた新しい時間で、さらに新たな仕組み化を次々と積み重ねていくことが可能です。

たとえば、ある仕事をこなすのに10時間かかるとして、その仕事を仕組み化して、1時間で終わらせる状態にすれば、余った9時間を使って別の仕事ができるようになります。次に、その9時間かかる仕事をまた仕組み化して、余った時間で別の新しい仕事をする、と繰り返していけば、どんどん生産性が上がり、高付加価値を生み出す組織になっていきます。

個人でそれを実現できれば、「あの人、めちゃくちゃ仕事効率いいよね」と言われるようになります。そして、その仕事効率アップについて、きちんとした数値に表して会社に報告すれば、経営者としては手放したくない人材となり、給与交渉によって大幅に給与アップできるでしょう。これが、給与アップにおける仕事の仕組み化、構造化が大切であるという考え方の重要ポイントです。こうした仕組み化、構造化ができていない会社では、生産性が上がらず、社員の給与を上げ続けることができません。

仕組み化、構造化で、10 時間の仕事を 1 時間にする

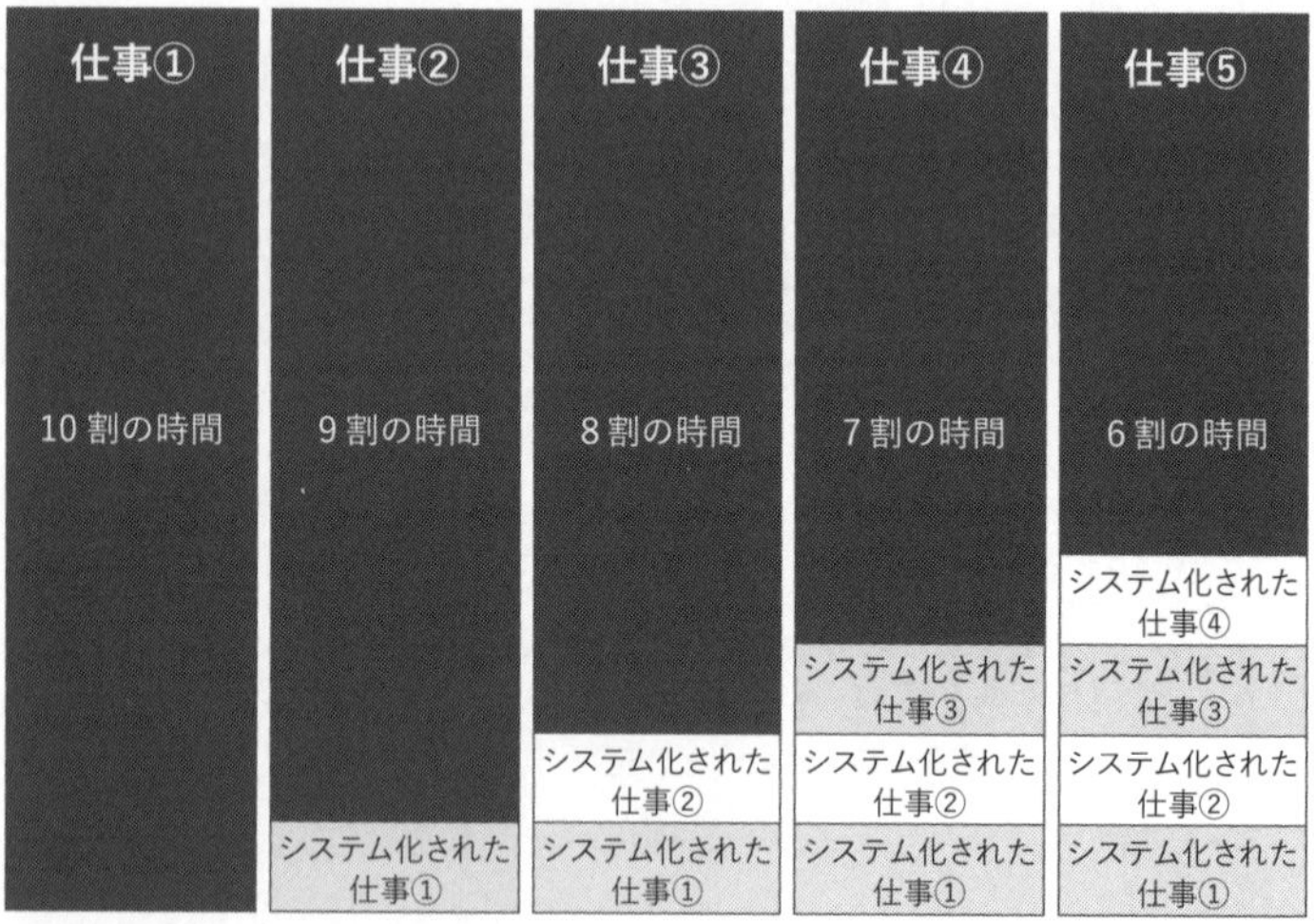

他社の何倍も仕事する（同じ時間で）

この仕組み化、構造化は、本来は経営者が主導して社員全員で考えて取り組むべきことです。

しかし経営者がそうした発想を持たず、「うちの会社、社長はダメだな」と思ったとしても、あなただけでも仕組み化、効率化はできます。どの会社にいても、自分が1しかできないものを2に変えて、さらに3、5、10に変えていける人だとすれば、そしてその実績をきちんと話すことさえできれば、転職によって大幅給与アップすることも可能です。

ここまで、給与が上がらない原因を「経営者」「幹部層」「社員」、そして仕事の「仕組み化」「構造化」という観点で見てきました。あなたの会社は、どこに一番の問題があるでしょうか？もう一度、それぞれの立場で自社を振り返って、問題点を徹底的に洗い出してみることをお勧めします。

COLUMN

「心主義」でも「お金主義」でもない「価値主義」の経営を目指せ！

今世間を騒がせているビックモーターは、求人サイトで「営業職の平均年収約1100万円、最高年収は約5000万円」などと好待遇を強調していたと報じられています。

企業規模が拡大する中で、高い質が求められる激務をこなし、会社の収益が上がり、その結果きちんと高額の給与を払っているのであれば、問題はないでしょう。もし同社が、顧客や社会に対して確実に価値提供を行い、その結果、社員に高賃金を払っているのであれば、非常に素晴らしい会社です。ある意味、理想的な会社と言ってもいいでしょう。

しかし、実態は違っていました。同社の詐欺まがいの営業手法、数々の不正を伴う経営方法は社会的に完全にアウトです。顧客や社会に高付加価値を提供して、お客様を喜ばせて、会社が儲ける。その結果として、従業員の給与を上げるという流れができていなければ、決して「いい会社（優良企業）」とは言えません。

一方で、顧客や社会の役に立ちたいという思いで経営していても、なかなか利益が上がらず、社員の給与を上げられない会社は、やはり「いい会社」とは言えません。そうした会社の経営者は、往々にして「お金より心が大事」と考えている、「心主義」の経営者です。

先に述べたように、「お客様に心を尽くしたサービスを提供して、喜んでもらいたい」と考えて経営しているのですが、値引きしてしまうので儲かりませんし、社員の給与も上げられず、経営者自身も苦しい生活をしています。

反対に、「お金を儲けること（利益）が最重要」という、「お金（儲け）主義」の経営者もいますが、それでは会社が健全に成長・拡大しませんし、やがてビッグモーターのように問題を起こして、どこかで経営が立ち行かなくなるでしょう。

私がみなさんに提唱したいのは、「心主義」でも「お金（儲け）主義」でもなく、「価値主義」の経営です。

「価値主義経営」は、顧客に心を尽くして彼らの役に立つことと、儲けることを同時に行い、価値提供によって生まれた利益を社員に分配する、という考え方を基盤とした経営です。「心」でもなく、「お金」でもなく、常に「価値」というものを中心軸に据えて経営すれば、すべてがうまくいき始めるのです。

この考え方は、スタートアップ企業、老舗企業、中小企業、大企業など、どんな会社であっても持つべき経営理念だと私は考えます。この理念を持って経営していけば、必ず社員の給与を上げられるはずです。

ちなみに、スタートアップ企業とそうでない通常企業は給与の出どころが違います。ここで言う通常企業とはＶＣなどからの、資金調達をしていない会社です。そうした会社では、お客様からいただくお金＝粗利益から給与が出ています。

では、スタートアップ企業はどこから給与が出ているのでしょうか？　スタートアップ企業では、上場やＩＰＯなど彼らが目指している到達点や、その時点で出ている売上・利益に対して投資家などから資金調達し、そこから給与を出しています。つまり、自転車操業状態なのです。

最近のスタートアップ企業の若手社員は、一般的な会社員よりも高額な、年収６００万円から８００万円くらいをもらっていることもざらにありますが、これは資金調達などによるお金が燃え尽きる前までの話です。数年後に上場や収益化ができず、さらに資金調達できずにその会社の経営が行き詰まってしまえば、８００万円の年収もそこで終わってしまうのです。

このように、スタートアップ企業への就職は、ハイリスク・ハイリターンと言えます。

通常企業で働いている人が、「スタートアップ企業の年収は高いから羨ましいな」「スタートアップに転職しようかな」と思っても、それは冷静な判断とは言えません。

もちろん「スタートアップ企業に行って、もっと新しいことにチャレンジしたい」「自分の夢を叶えたい」と思うのであればいいですが、単に給与がいい、待遇がいいからという理由でスタートアップに行くとしたら、それは間違っています。今は高給与でも、将来的に高給与をもらえ続ける保証はないからです。

もちろん、上場してもっと給与が上がる可能性もありますが、そもそもお金の出どころが通常企業と異なるので、そのことをしっかりと認識しておくべきでしょう。

第3章

高給与を目指す働きかた

INCREASE ADDED-VALUE
FOR MORE
PRODUCTIVITY
AND
PROFITABILITY

「最小の時間」で「最大の付加価値」を生み出す

ここまで読み進めてきた人は、日本の会社で給与が上がらない原因がどこにあるのか、わかったと思います。また、会社の収益アップと社員の給与アップを同時に実現するためには、どのような点を改善すべきなのか、何が最も大切なのかも理解できたでしょう。

大切なのは、「全社一丸となって取り組む」とともに、個人として、また組織として仕事のやり方を「仕組み化」し、自然に給与が上がる流れ、すなわち成果が出る「構造」をつくることです。

ここからは、前章までの話を踏まえて、具体的にどうすれば会社が高収益化し、同時に社員の給与アップを実現できるのか？　その具体的な方法について解説していきたいと思います。

本章では、まず個人（会社組織のメンバー）としてどのような働き方をすれば給与が上がるのかについて解説し、次章では経営者の視点、つまり「会社として何をすべきか」にフォーカスして見ていくことにします。

本章でお話しすることは、個人（社員）向けとはいえ、もちろん経営者も知っておくべきことです。もしあなたが経営者なら、ここでお話しする内容をきちんと理解したうえで、ぜひ社員のみなさんにも理解と実践を促すよう努めてください。

前置きはこれくらいにして、本題に入ります。

みなさんの給与を上げるためには、どのような働き方をすればいいのでしょうか？　その問いに対する答えをひとことで言うなら、「自分の給与の源泉はどこにあるのか？」に目を向けた働き方をすることです。

ここまで再三にわたって、会社の収益、社員の給与の源泉は、「1人1時間あたりの付加価値創造額」であると述べてきました。そう、収益と給与を上げるには、「付加価値創造の最大化」が必須なのです。それが実現できれば、自動的にみなさんの給与は上がるはずです。

ここで重要になってくるのが、「最小の時間」で「最大の付加価値」を生み出す、という考え方です。

第1章で、キーエンスの最も大切な経営理念は、「最小の資本と人で、最大の付加価値を上げる」ことだと述べました。「最小の資本」という部分は経営全体にかかわる領域なので、一部の人を除き、社員のみなさんが直接的にコントロールするのは難しいでしょう。

ですから、ここでみなさんが個々に取り組むべきは、「最小の時間で最大の付加価値を生み出す」ことです。資本（設備・材料など）は、日々の仕事の中で個々にコントロールできることではありませんが、自分が仕事に費やす「時間」については、誰もがある程度コントロールできるはずです。

「最小の時間で最大の付加価値を生み出す」「お客様に提供する付加価値量を最大化する」という作業は、営業やマーケティング部門で働く人なら、すぐにイメージできるのではないでしょうか。

しかし、バックオフィス業務など、自分が生み出す付加価値量を変化させる（増大させる）ことが難しいポジションもあります。それは、彼らの仕事によって生み出される付加価値量が、ある程度固定されているからです。ですが、「付加価値を生み出すために投入している時間」を今よりも短くすれば、1人1時間あたりの付加価値生産量が高まり、会社としてはその付加価値に対して高給与を払う余裕が生まれます。

たとえば、同じ部署内で1ヵ月に170時間働いている人たちがいるとします。ここで、同じ170時間労働でも、1時間で3万円の利益を生み出せている人と、1万円しか生み出せていない人、5000円しか生み出せていない人がいるとすると、1ヵ月あたりの付加価値創造量はまったく異なってきます。

1時間3万円の利益を出している人は、月間で510万円以上の付加価値を生み出すのに対し、1時間1万円の人は170万円、1時間5000円の人は85万円しか利益を生み出していないことになります。このような差があるとき、会社がより多くの付加価値を生み出している人に、より多くの給与を払うのは当然です。

「付加価値最大化の仕組み」を組織内で拡大していけば給与は上がる

「自分の給与の源泉はどこにあるのか？」を意識して働くこと、つまり、自分が生み出す「付

付加価値最大化の仕組みを拡大していく

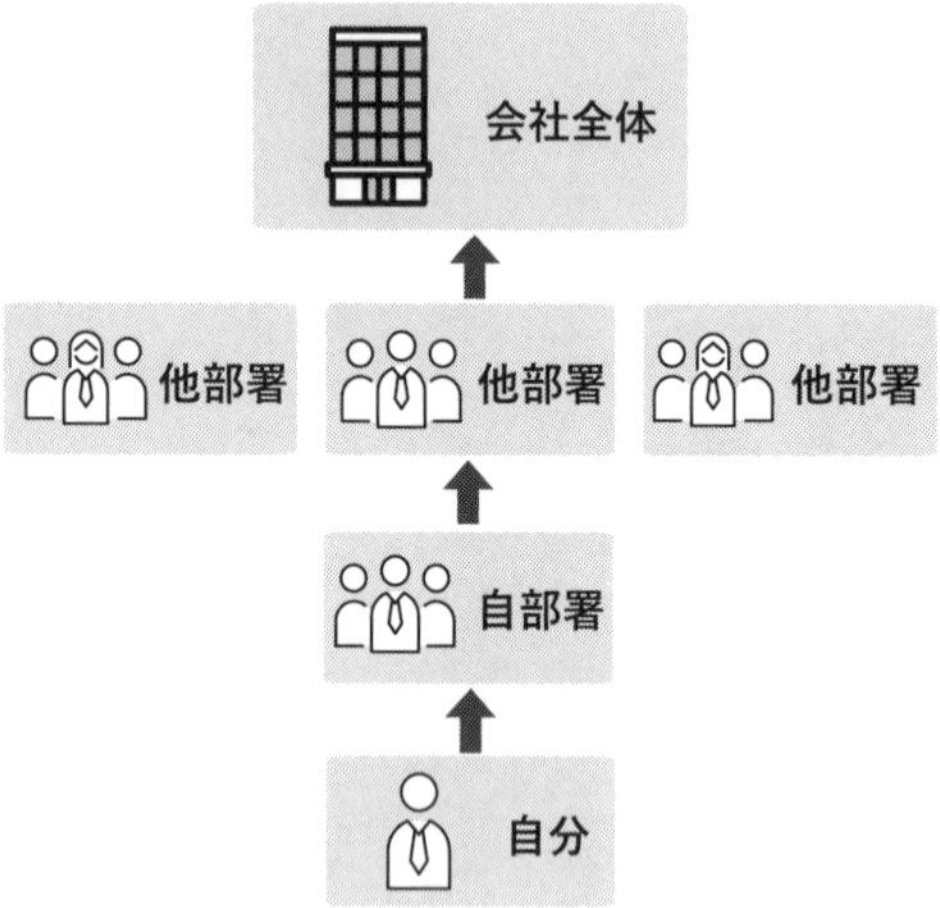

加価値」の重要性をきちんと意識して、日々の仕事に取り組むことが、あなた自身の給与を上げるための第一歩です。

そのような意識で働いて、まずはあなた自身が「最小の時間で最大の付加価値を生み出す人」になってください。個人レベルでそれができるようになったら、次に「自部署（自分が所属するチームや部署）」を、さらに「他部署」を、最小の時間で最大の付加価値を生み出せる組織にすることを目指してください。

そして、「会社全体が、最小の時間で最大の付加価値を生み出す組織となること」が目指すべき最終ゴールです。あなたが生み出した「付加価値最大化の仕組み」を、自分→自部署→他部署→会社全体、と拡大していくのです。

給与というものは、あなたが社長に直接「もっと私の給与を上げてください」と直談判したところで簡単に上がるものではありません。あなたの貢献・影響によってチームや部署、会社全体として大きな付加価値を生み出せて、初めて社長は「君のおかげで、会社の生産性と利益（付加価値創造額）が上がったよ、ありがとう！」と、あなたの成果を認めてくれます。社長にそう言わせるためには、付加価値を生み出す作業、その仕組みづくりを自分一人だけでなく、自部署、他部署、会社全体へと拡大していく必要があるのです。

どこの会社でも、昇給（給与アップ）と昇進（ポジションアップ）はだいたいセットになっています。先ほど述べたような付加価値最大化の流れをつくることができれば、あなたは給与が上がるだけでなく、チームリーダーからマネジャー、部長クラス、さらに役員へと昇進していくでしょう。

しかし、最近の若手ビジネスパーソンの中には、昇進することに対してネガティブな考えを持っている人も少なくありません。「別に昇進などしたくない」という考えです。

先日、髪を切りに行ったら、美容師さんが「僕、店長になるのが嫌なんですよ」と言うので、「なぜですか？」と聞くと、昇進すると責任が増えるから嫌だと言うのです。

今の時代は、彼のように組織内で、できるだけ責任を持ちたくないという考えの人が多いようです。ですが、責任の量を増やさずに給与額だけを増やしてほしいというのは、虫のいい話です。ここでいう責任とは、自分だけでなく、自分が所属する組織の人々がやっている仕事を、もっと短い時間で、正確にできるようにしていくこと、つまり、最小の時間で最大の付加価値を生み出せるようにしていくことです。給与を増やすためには責任の量も増やさなければならない、ということを忘れないでください。

業務の「棚卸し」で「もっと短時間で同じ付加価値を生み出す方法」を考える

では、あなた自身が「最小の時間で最大の付加価値を生み出す人」になるためにはどうしたらいいのでしょう？

そのためには、まず「もっと短時間で、今と同じ付加価値を生み出す」ことを考えなければなりません。「今やっている仕事で生み出している付加価値と同等の付加価値を、もっと少ない労働時間でつくるにはどうしたらいいのか？」を考えるのです。

たとえば、あなたがこれまで１ヵ月に１７０時間働き、２００万円分の付加価値（利益）を生み出していたなら、その２００万円を１００時間で生み出せるようにしましょう。それができるようになれば、70時間が余るので、その70時間をもっと別の仕事（さらに新しい付加価値をつくる仕事）に使えます。まずこの状態をつくることが、「最小の時間で最大の付加価値を生み出す人」になるためファーストステップです。

その状態をつくるために、必ず最初にやるべきことがあります。それは、「自分が今やっている仕事の棚卸し」です。日々行っている業務内容とそれに費やしている時間数を、１日単位で書き出してみましょう。その「棚卸し表」を見ながら、業務内容を改善し、自分がもっと短時間で、今と同じ付加価値を生み出すにはどうしたらいいのか？　もっと価値ある仕事に集中できる状態にするにはどうしたらいいのか？　を吟味検討するのです。

ちなみに、私もキーエンスに入社したばかりの頃、この棚卸し作業をしました。その結果を見た上司から、「田尻さん、少しムダな作業が多くない？」と言われ、まずは、自分がどのような時間の使い方をしているかをクリアにするため、「日報」を書きました。1日の間に自分がいつどんな仕事をしたのか、30分単位で書き出して表にしていったのです。その業務見直しを通して、今やっている仕事の中で、本当に付加価値を生み出すために役に立っていることは何か？　繰り返し作業が発生しているものの、あまり役に立っていないものは何か？　を明確にしていきました。

日々の業務内容を書き出して「棚卸し表」をつくったら、「もっと短時間で、今と同じ付加価値を生み出す」にはどうしたらいいか？　を考えます。

ここで大切なのは、「ムダな作業を減らす」ことですが、その際のポイントが4つあります。一番長く時間がかかっているものから順に、その仕事を「やめられないか」「1つにまとめられないか」「回数を減らせないか」「自動化できないか」という視点で検討するのです。その視点で見直すと、意外と削減できる業務がたくさん見つかるはずです。

ただし、この4つのポイントで業務改善を検討するとき、絶対に忘れてはならない前提条件があります。それは、「付加価値を下げることなく」ということです。

その業務をやめてしまったり、回数を減らしたせいで、お客様に提供する付加価値が、今よ

棚卸し表をつくり業務改善をする

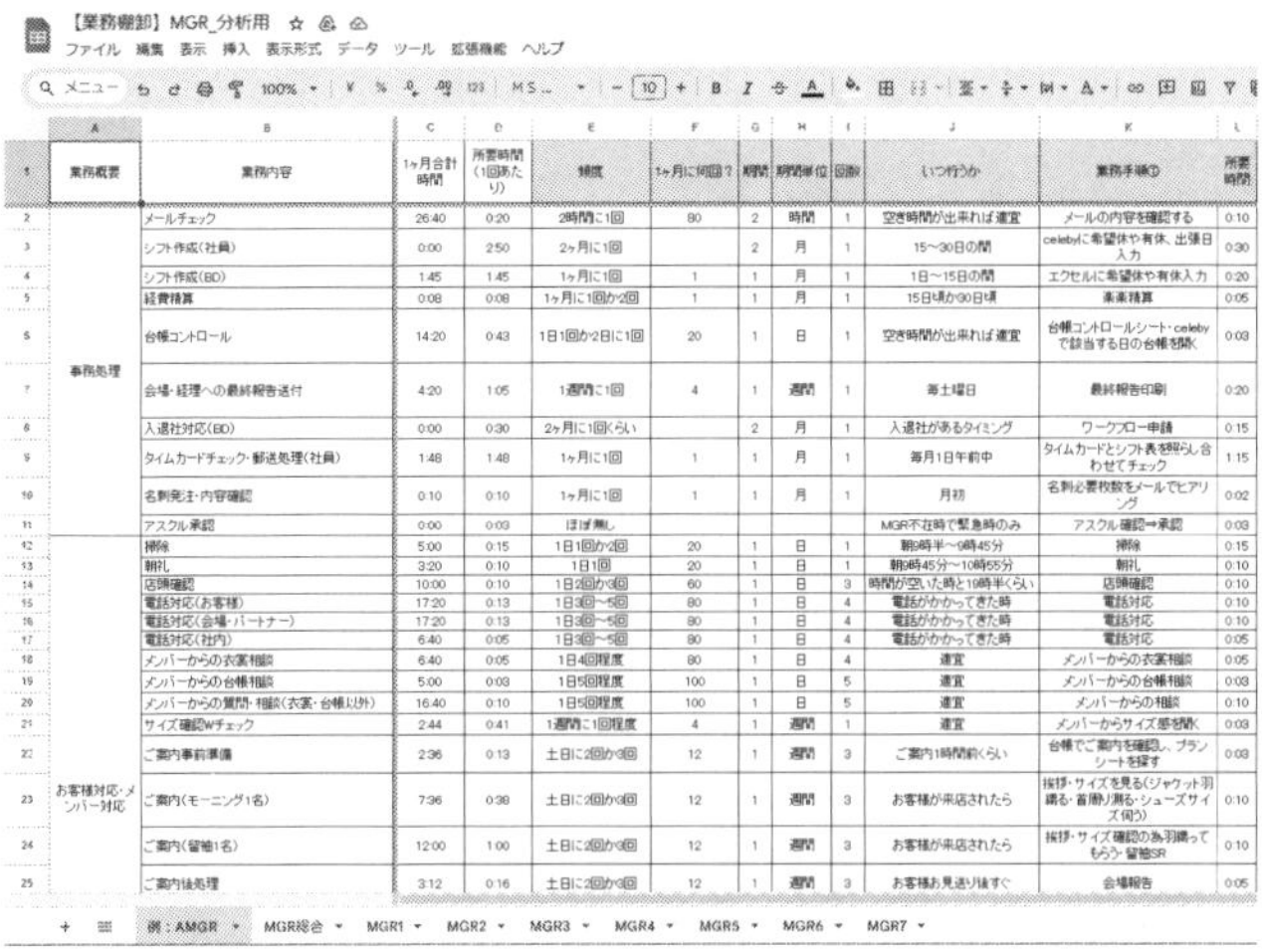

	A	B	C	D	E	F	G	H	I	J	K	L
1	業務概要	業務内容	1ヶ月合計時間	所要時間（1回あたり）	頻度	1ヶ月に何回？	期間	期間単位	回数	いつ行うか	業務手順①	所要時間
2	事務処理	メールチェック	26:40	0:20	2時間に1回	80	2	時間	1	空き時間が出来れば適宜	メールの内容を確認する	0:10
3		シフト作成（社員）	0:00	2:50	2ヶ月に1回		2	月	1	15～30日の間	celebyに希望休や有休、出張日入力	0:30
4		シフト作成（BD）	1:45	1:45	1ヶ月に1回	1	1	月	1	1日～15日の間	エクセルに希望休や有休入力	0:20
5		経費精算	0:08	0:08	1ヶ月に1回か2回	1	1	月	1	15日頃か30日頃	楽楽精算	0:05
5		台帳コントロール	14:20	0:43	1日1回か2日に1回	20	1	日	1	空き時間が出来れば適宜	台帳コントロールシート・celebyで該当する日の台帳を開く	0:03
7		会場・経理への最終報告送付	4:20	1:05	1週間に1回	4	1	週間	1	毎土曜日	最終報告印刷	0:20
8		入退社対応（BD）	0:00	0:30	2ヶ月に1回くらい		2	月	1	入退社があるタイミング	ワークフロー申請	0:15
9		タイムカードチェック・郵送処理（社員）	1:48	1:48	1ヶ月に1回	1	1	月	1	毎月1日午前中	タイムカードとシフト表を照らし合わせてチェック	1:15
10		名刺発注・内容確認	0:10	0:10	1ヶ月に1回	1	1	月	1	月初	名刺必要枚数をメールでヒアリング	0:02
11		アスクル承認	0:00	0:03	ほぼ無し					MGR不在時で緊急時のみ	アスクル確認⇒承認	0:03
12	お客様対応・メンバー対応	掃除	5:00	0:15	1日1回か2回	20	1	日	1	朝9時半～9時45分	掃除	0:15
13		朝礼	3:20	0:10	1日1回	20	1	日	1	朝9時45分～10時55分	朝礼	0:10
14		店頭確認	10:00	0:10	1日2回か3回	60	1	日	3	時間が空いた時と19時半くらい	店頭確認	0:10
15		電話対応（お客様）	17:20	0:13	1日3回～5回	80	1	日	4	電話がかかってきた時	電話対応	0:10
16		電話対応（会場・パートナー）	17:20	0:13	1日3回～5回	80	1	日	4	電話がかかってきた時	電話対応	0:10
17		電話対応（社内）	6:40	0:05	1日3回～5回	80	1	日	4	電話がかかってきた時	電話対応	0:05
18		メンバーからの衣裳相談	6:40	0:05	1日4回程度	80	1	日	4	適宜	メンバーからの衣裳相談	0:05
19		メンバーからの台帳相談	5:00	0:03	1日5回程度	100	1	日	5	適宜	メンバーからの台帳相談	0:03
20		メンバーからの質問・相談（衣裳・台帳以外）	16:40	0:10	1日5回程度	100	1	日	5	適宜	メンバーからの相談	0:10
21		サイズ確認Wチェック	2:44	0:41	1週間に1回程度	4	1	週間	1	適宜	メンバーからサイズ感を聞く	0:03
22		ご案内事前準備	2:36	0:13	土日に2回か3回	12	1	週間	3	ご案内1時間前くらい	台帳でご案内を確認し、プランシートを探す	0:03
23		ご案内（モーニング1名）	7:36	0:38	土日に2回か3回	12	1	週間	3	お客様が来店されたら	挨拶・サイズを見る（ジャケット羽織る・首廻り測る・シューズサイズ伺う）	0:10
24		ご案内（留袖1名）	12:00	1:00	土日に2回か3回	12	1	週間	3	お客様が来店されたら	挨拶・サイズ確認の為羽織ってもらう・留袖SR	0:10
25		ご案内後処理	3:12	0:16	土日に2回か3回	12	1	週間	3	お客様お見送り後すぐ	会場報告	0:05

りも下がってしまっては意味がありません。これら4つは、あくまでも今生み出している付加価値を維持・向上させるための施策です。もちろん、そもそも「自社がお客様に提供すべき付加価値は何か？」がわかっている必要があります。

この4つのポイントで業務改善施策を考えて、どれか1つでも実行できれば、最小の時間で今と同じ付加価値を生み出せるようになるだけでなく、「大幅なコスト削減」ができます。コストダウンにおいて何を減らすと一番効果的かというと、それは「作業量」です。コスト＝付加価値を生み出す作業にかかる「時間とお金」なので、そもそも作業しなければコストがかからないのです。

しかし多くの会社では、単純に原価の引き下げばかりを考えしまい、その点に目が向いていません。コスト削減を目指すなら、まず自社の社員が行っている作業をすべて洗い出して、「やめられないか」「1つにまとめられないか」「回数を減らせないか」「自動化できないか」という視点でムダな作業を減らすべきです。

「営業」はどう付加価値を下げずにムダな仕事を減らすのか？

ここで営業職を例に、具体的にどのように、現在の付加価値を下げることなく作業を減らせばいいのかを考えてみましょう。

営業の場合、たとえば「提案書の作成時間」を減らすことにより、最小の時間でこれまでと同じ、または今まで以上の付加価値を生み出せるようになります。提案書作成の時間が減った分、お客様との面談に集中でき、より多くの時間を顧客とのコミュニケーションに割けるようになるからです。

営業は「お客様の思いに寄り添った顧客面談」によって大きな付加価値をつくれます。提案書の作成時間を減らしても、彼らが生み出す付加価値量が大きく減ることはないのです。毎回の提案書作成作業も付加価値を生み出しているように見えるかもしれませんが、とてもいい提案書が1つあれば、毎回新しい提案書をつくる必要はありません。1回だけ頑張って、何度でも使えるいい提案書をつくれば、2回目からの提案書は作成時間を短くできます。仕事でムダを省くためには、こうして「再現性を高める」ことが重要なのです。

ムダといえば、営業職で一番多いムダな時間は、おそらく「迷っている時間」ではないでしょうか。つまり、多くの営業は、自分自身が付加価値を生み出すために何をすべきかがわかっていないので、「あれをやらなければいけない、これもやらなければいけない。どれをどうやるべきなのか……」と、迷っている時間がとても多いのです。

同じ営業でも、ムダの多い人は1ヵ月に8アポイントしか取れず、自分の仕事と付加価値の関係がわかっていてムダのない人は50アポイント取れる、という差が生まれます。給与がより高いのは、当然50アポイント取れる人のほうです。

後者は、常に自分が何をすべきか、つまり「どの仕事にどんな価値があり、何に価値がないのか」がわかっています。8アポイントしか取れない人は、「うちのターゲットって誰だったっけ？」「誰にアプローチすればいいんだっけ？」と迷いが多く、「とりあえず見込顧客の名刺をかき集めてきて、いろんな形でアプローチしてみます」などと、ムダなことばかりしています。その結果、成果も出ないしお客様も喜ばないという残念な結果を生んでいるのです。

一人一人の仕事について「何をすべきか」を明確にすること。組織全体の、営業部署、販売促進部署、商品企画部署、開発部署など、各部署の役割と責任を明確にすることで、「迷っている時間」を最小限にすることができるのです。

加えて、営業であれば、お客様との面談プロセス、セールスプロセスなどがきちんと言語化、構造化すること。そして、プロセスごとに具体的なトークやプレゼンテーション内容を決めることも重要です。これらがあることにより、その手法を指導・教育することができ、営業はそれを学ぶことで、迷いなく、ムダなく行動ができるのです。昨今、若手営業人員の離職率が問題になりますが、お客様に喜ばれる営業の仕組みを教えられずに、お客様から嫌われる営業を行っていれば、仕事を辞めたくなるのは当然でしょう。すでにお客様の購買の理論も科学され、営業も科学されてきているのです。企業も30年前と同じ教育をしていてはいけません。時代に合わせて進化する必要があるのです。

このように、自分自身の仕事がどう付加価値につながっているのかを、全社員がしっかりと意識している会社は少ないでしょう。みなさんの会社はいかがですか？　そうした意識がないまま働いていると、いつまでたっても付加価値生産性は上がりません。まずは社員全員が自分の業務の棚卸しを行い、「この仕事は、最終的に顧客にとっての価値、高付加価値へとつながっているか」と真剣に考えてみることが大切です。

やめられない仕事は「スキルアップ」と「仕事の仕組み化」で時間短縮を

業務の棚卸しをしたら、一番長く時間がかかっているものから順に、その仕事を「やめられないか」「１つにまとめられないか」「回数を減らせないか」「自動化できないか」を検討すべし、

スキルアップと仕事の仕組み化で時間短縮

（例）タイピングスキルアップ

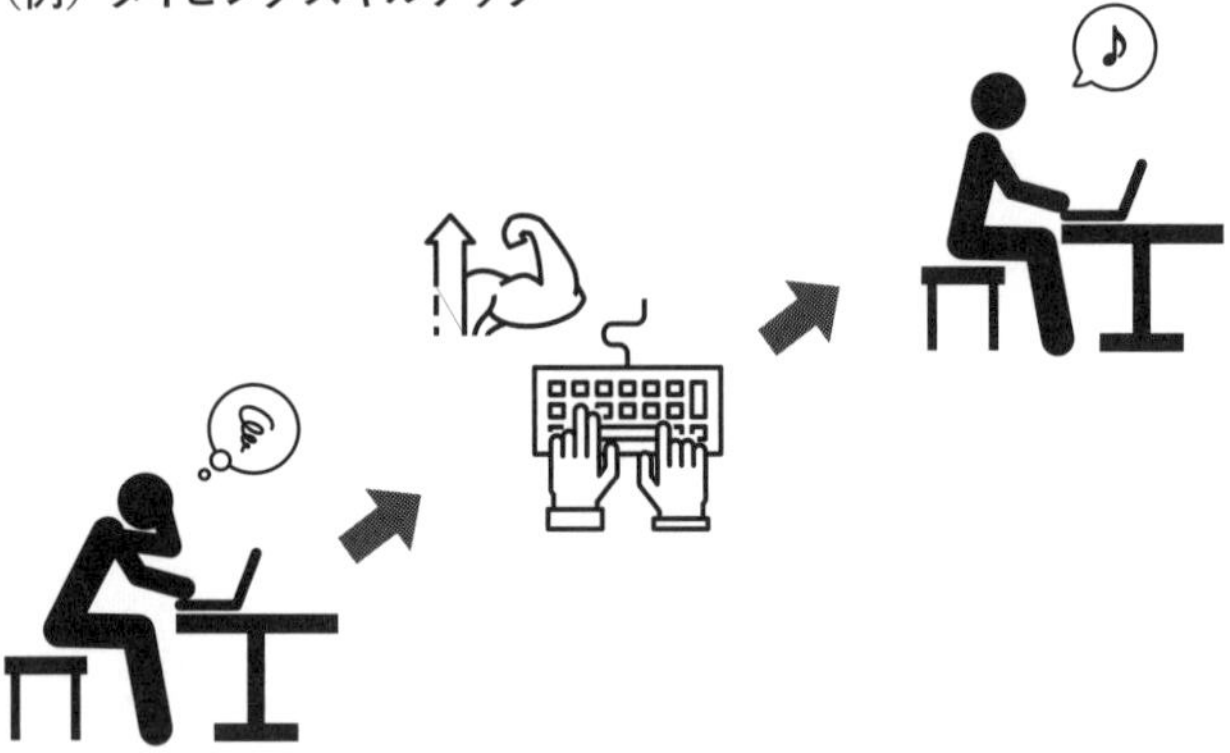

と言いました。

しかし、中には営業電話や、必ずやらなければならないデータ入力作業のように、多くの時間がかかっていて本当はやめたい、減らしたいけれども「お客様にとっての高付加価値につながっているので、やめられないし、減らせない」という仕事もあるでしょう。その場合は、「その仕事を最小の時間で終わらせるにはどうしたらいいのか」を考えましょう。このとき取り組むべきことが2つあります。それは「個々メンバーのスキルアップ」と「仕事の仕組み化」です。

たとえば、タイピングのスピードが遅く、メールを返信するのに人一倍時間がかかる人がいるとします。その人は、タイピングが速い人に比べると、1日何時間も、少なくとも10分程度はムダにしています。

1日たった10分と思うかもしれませんが、年間労働日数を240日として、1日10分をムダにすると、10分×240日＝2400分、つまり年間40時間がムダになっていることになります。トレーニングでタイピングスピードが上がれば、この時間のムダをなくせます。

また、100件電話をかけて3件しかアポイントが取れない（＝アポ率3％）営業がいたとします。その営業が「よし、アポ率10％を目指そう！」と頑張って営業スキルを磨き、わずか30本の電話で3件アポイントが取れるようになったとします。

1件あたりの電話時間が5分としたときに、100件の電話が30件に減れば、トータルで350分＝約6時間も電話時間が削減できます。こうして個々のスキルを上げることで、さまざまな業務を最小の時間で終わらせることができます。


スキルアップを目指すなら、まず自分自身で、時間がかかっている仕事の作業時間を短くするためには、どんな技術や知識が必要なのか？　という「スキルセット」を整理してみることをお勧めします。もし、どんなスキルセットが必要かわからない場合は、ChatGPTなどの生成AIを活用してみましょう。「この業務を早く終わらせるためには、私はどのようなスキルセットを身につければいいのでしょうか？」と質問すれば答えてくれるはずです。

多くの時間がかかっている仕事を、最小の時間で終わらせるには、スキルアップと同時に、「仕事の仕組み化」も必要です。

第2章でも述べたように、仕組み化された仕事は仕組み化する前よりも、時間がかからなくなるので、同じ時間で2倍、3倍と仕事ができるようになり、仕組み化された仕事が増えれば増えるほど、どんどん生産性がアップしていきます。

ここで重要なポイントは、あくまでも「今やっている仕事を仕組み化する」ことです。よく、仕事の効率化や生産性アップを図るために「まったく新しい仕組みやサービス」を考えて導入しようとする人がいますが、そのためには、新たにそれを考える時間や、導入するための時間を投下しなければいけません。

また、「新しい付加価値をつくろう」「新しい顧客にアプローチしよう」と、新しい仕組みや新しいサービスを導入しても、正直、それがうまくいくかどうかはわかりません。そうではなく、もうすでに価値が発生しているもの、高付加価値が生まれているものにフォーカスして、それにかかる時間を短くするほうが堅実な道なのです。

ここでは、「プラス（足し算）」ではなく「マイナス（引き算）」の発想が必要です。

よく、自分を変えようとして、今の生活習慣をそのままにした状態で、新しいことをどんどんやり始める人がいますが、だいたいうまくいきません。まずテレビやYouTube、SNSなどを見ている時間（自分でもムダだと思っている時間）を先に削減しないと、新しいことを24時間の中に入れることはできません。誰も1日を25時間にすることなどできないのです。

仕事でも、何か新しいことに取り組むとき、今やっている作業をそのままやり続けながら、残業などして頑張る人がいますが、そんな効率の悪い状態で残業したところで、新しい付加価値は生まれません。

今やっている仕事の付加価値を上げることを目的として、その仕事の仕組み化のため、定型フォーマットをつくるために残業する、またはスキルアップするために残業するのは、まだわかります。しかし、今までにないまったく新しい価値をつくろうとして残業するのだとしたら、その前に、今目の前にある仕事の付加価値を、もっと短い時間で生み出すための工夫をしたほうが、より確実に実現できるのです。

まずは「スキルアップ」と「仕組み化」で、ムダな時間を削ることが先決です。たとえば月間で30〜40時間のムダな時間を削減できるなら、「1人1時間あたりの付加価値生産性」も高まり、なおかつ、その時間を使って新たなものを生み出すことも可能です。

「自部署」を最小の時間で働けるようにするには、まず上司を味方につけるべし

あなた自身が「最小の時間で最大の付加価値を生み出す人」になったら、次の目標は、「自部署」を最小の時間で最大の付加価値を生み出せるようにすることです。

前述したように、まずはあなた自身が最小の時間で最大の付加価値をつくれるようになり、次にあなたが成果を出した方法や仕組みを組織内に広げていくことで、会社から高い評価が得られる可能性が高まります。また、もしあなたが転職を考えているのであれば、部署の改善・改革ができたという事例をアピールして、ほかの会社に好待遇で転職することも可能です。

自部署内であなたの影響力を拡大していくには、まず、あなた自身が目に見える大きな成果を出さなければなりません。「人は、自分よりできる人の話しか聞いてくれない」からです。

たとえば、営業成績があまりよくない人から、「君は、営業の仕方をもっとこうしたほうが

いいね」と言われて、「なるほど、その通りにやってみよう」と思うでしょうか。そんな人はまずいません。しかし自分より売れている人からそう言われれば、たとえ「自分のライバルから教えてもらうのは癪だな」と悔しい思いを抱きながらも、「でもこの人にはきっと売れる秘密があるはずだ」と考え、「そうしてみます！」と、しっかり相手の話を聞くでしょう。

他者に影響を与えたいのであれば、まず自分が成果を出さねばなりません。
まずあなた自身が「私は最小の時間で最大の付加価値を生み出せるのだ」ということを証明する必要があります。それを証明できれば、「○○さん、どうやってそんなに効率よく仕事ができるの？」「どうすれば、そんなに生産性が上がって成果が出るの？」と自然に周りの人たちが寄ってきて、誰もが自然にあなたの真似をしようとするでしょう。それが自部署を改善していくための第一歩です。

しかしここで、大きな障害が立ちはだかることがあります。それは「上司」の存在です。年功序列型の会社で、あまり仕事ができない上司、ＰＤＣＡをうまく回せない上司がいる場合、個人の付加価値生産性を上げて、その仕組みを部署内で広げようとしても、なかなかうまくいきません。彼らの多くは、仕事のやり方を変える業務改善や組織改革など、面倒くさいことはできるだけやりたくないのです。この場合の上司は、第2章でも述べた「枷となるポジション」

に当たります。

部署内にそのようにボトルネックとなるような人がいるときでも、自部署が最小の時間で最大の付加価値を生み出せるようになるまでは、諦めず実践するべきです。あなたがせっかく、うまくいく仕組みをつくったのに、それを組織内に広げていかなければ意味がないからです。

では、そんな上司がいる場合、どのように対応すればいいのでしょうか？

その際のポイントは、あなたが部署内での仕組み化をすべてお膳立てしたうえで、いい成果が出たら最終的に「全部上司の成果にしてもらってもいい」という気持ちで行うことです。最初に、「この件に関しては、すべて部長の指導のもとにやらせていただきます。いい結果が出たら、部長の成果にしてください！」と言えば、上司は快くあなたの提案を受け入れてくれるでしょう。自分のつまらないプライドは脇に置いておいて、「前々から部長は、効率アップが必要だと言っていましたね。それについて、部署をあげてやらせていただこうと思っていますと言っておけばいいのです。彼らは面倒くさいことはやりたくないので、あなたが、その面倒くさい仕事を買って出たという話にすれば、彼らは喜んでサポートしてくれるでしょう。

実際にやってみて成果が出たら、部長が昇進できるように、部署内で推進したプロジェクトの結果を全部資料にまとめてあげて、「このプロジェクトの責任者は部長です。これを、ぜひ次の会議で提出してください」と言ってみましょう。そうすれば部長も会社から認められて昇進・昇給し、あなたも成果を認められて、部長と一緒に昇進・昇給できるかもしれません。もちろん、その実績を武器に転職活動してもいいでしょう。

決して「上司がダメだから、何も変わらない」「あの上司がいる限り、自部署を変えられないし、会社も変えられない」などと思わないでください。**ダメな上司を変えようとせず、上司に対して最大限のリスペクトを示したうえで、うまく提案すれば上司はあなたの言うことを聞いてくれるようになります。**

自部署を変えるには、まず「上司を味方につける」ことが重要です。自分の足を引っ張りさえしなければ、どんなに嫌な人でも、価値観や考え方が違っていても、目的達成のためには、まずは自分の味方につけることを考えましょう。

これは、顧客に対しても同じです。よく居酒屋などで、「あの取引先の担当者がネックでね……。話がなかなか進まないんだよ」と愚痴を言っている人がいますが、そんなことを言っていても状況は変わりません。意思決定が遅かったり、担当者レベルでは稟議が通らなかったりするのであれば、こちらで稟議書をつくってあげるなど、すべてお膳立てしてあげればいいのです。

当然、お客様と感情的に対立してもいいことは一つもありません。

私はよく仕事の中で、すぐに意思決定できない弱気な管理職や、こちらの提案に懐疑的で、なかなか話を進めてくれない幹部などに出会います。そのとき相手を論破しようとしたり、正論でぶつかっていたりしても契約は取れません。その結果、結局負けるのは私たちなのです。したがって、そのようなお客様に対しては、私は常に全力のリスペクトを持って接するようにしています。

「専務がいらっしゃったからこそ、御社は着実に伸びてこられたんだと思います」と、最大限のリスペクト（お世辞ではなく）を込めて話せば、「君、よくわかっているじゃないか」と、表情が変わります。

同じように、上司に「部長のせいで、うまくいきません。ＰＤＣＡがちゃんと回ってないじゃないですか」「○○さんの考え方はもう古いですよ。こんなやり方をしていたら何も変わりませんよ」などと言って上司と対立関係になった瞬間に、私たちの負けが確定します。そこで喧嘩をしても得はありません。それよりも、上司を味方につけて協力してもらうことを考えましょう。

「なぜ失敗したのか？」よりも、「なぜ成功したのか？」を追求して言語化する

上司を味方につけたら、あなたが成果を出した仕事のやり方、仕組みを部署内の人たちに教えていきます。

このとき、とても重要なポイントがあります。それは、「なぜそのような成果が出せたのか？」を、明確かつ具体的に言語化して伝えることです。**そうして、「なぜ自分ができたのか」、逆に「なぜほかの人ができないのか」という2つを明確にし、その差をしっかりと示すことも重要です。**

たとえば、ある会社で、一人の社員が主導して部署内のＤＸ化（ペーパーレス化）を推進し、自部署の生産性をアップさせたケースがあります。なぜペーパーレス化ができたのでしょうか？　答えは「パソコン操作における、デュアルディスプレイの導入」です。

その部署では、以前は手元にある紙資料を見ながら、データをパソコンへ入力していました。しかし、ペーパーレスにしたことで、1つのパソコン画面に元データが書かれたPDFを表示させながら、同じ画面でエクセルにデータ入力しなければならなくなりました。そうなると、PDFとエクセル表を切り替えるたびに入力作業を中断しなくてはならず、逆に非効率になってしまいました。

そこで彼が提案したのが、1台のパソコンに2台のディスプレイをつなげて使う「デュアルディスプレイ化」です。デュアルディスプレイを導入した結果、その部署では生産性を下げることなくペーパーレス化に成功したのです。

このように、「なぜ成果が出せたのか?」「なぜ成功したのか?」という理由を、「○○をしたために、このような結果が出てうまくいきました!」と明確に説明できることが重要です。

ちなみに多くの会社では、何かがうまくいったとき、「なぜうまくいったのか?」「なぜそれができたのか?」という「成功理由」の突き詰めをしていません。逆に、「なぜうまくいかなかったのか?」という失敗の原因ばかりを探ろうとしてしまいます。それではいつまでたっても、最小の時間で最大の付加価値を生み出すための組織の仕組み化は進みません。「うまくいかなかったこと」よりも「うまくいったこと」に目を向ければ、再現性の高い仕組みづくりができます。もちろん失敗の原因を明らかにして改善することも重要ですが、失敗の原因を考えるよりも、「成功した理由」の分析を重点的に行いましょう。

私がキーエンスと他社の違いを大きく感じることは、新商品が売れなかったとき、「なぜ売れなかったのか？」と原因を探ることはもちろん、商品が売れても「なぜ売れたのか？」と、うまくいった理由を徹底的に探って明確にしていたということです。会社側から成功の理由を聞かれて、営業や商品企画の担当者が「何となく売れると思ったんです」などという曖昧な返答はしていませんでした。「なぜうまくいったのか？」を明確にして、それを、「誰もが使え、真似できる再現性をもった仕組み」にしていくことが、より付加価値を高め続けるために重要だと、組織として認識していたからだと思います。

「担当の人は、何と言っていたか」「稟議を通すとき、どうやったのか」「何が問題解決のポイントになったのか」と、成功理由を言語化し、「次に同じような案件があったら、こうすればいいんだな」という「型」や「仕組み」が創れれば、その価値を生み出す再現性が高まっていくのです。

価値あることの再現性を高めるためには、「組織が自動的にうまくいく仕組み」をつくることが大切です。すべての仕事を仕組み化し、「どうすれば、もっと価値の再現性を高められるか」を徹底的に追及していきましょう。そのためには、成功の理由・秘訣をあきらかにしたうえで言語化し、成功した人がそれをほかの人にも教えていかなければなりません。

これは、自部署を改善していく場合でも同じです。「なぜできたのか?」を言語化でき、それを「教えられる人」が、昇進し給与アップしていける人です。

この「教えられる」というのは、昇給・昇進にとって非常に重要な要素です。営業で昇進していく人、リーダーから責任者になっていく人は、自分が成果を出す（売れる）だけでなく、他者にその成果の出し方を教えて育成できる人です。

「自分と同じようにリーダーになれる人を育成できる」ということを何人か証明できると、責任者へと昇進します。さらに、「教え方を教える」ことができるようになると、マネジャーになります。なぜ自分が売れているのかを自分で言語化して部下に教えられないと、上には上がれないのです。

同じように、自分がなぜ成果を出せているのかを、理論的に言語化し、誰もが実践できるよう教えられないと、自部署を最小の時間で最大の付加価値を生み出す組織にすることはできません。それができていないのに、「それ、私ならできますよ」と鼻高々になっている人がいたら、その人は昇進も給与アップもできないでしょう。

個人で成果を出していてもチームで成果を出せていなかったり、個人とチームで成果を出していても、部署や会社全体が成果を出していなければ、あなたの給与は少ししか上がりません。

あなたの成果を組織内で拡大していくためには、拡大のための仕組み化、構造化が必須です。まず一つ重要な「歯車」をつくり、それが別の歯車を回し、さらに大きな歯車を回すように、仕組み・構造がどんどん積み重なって連動して動いていかないと、組織全体の歯車が回らないのです。

自部署での成果を言語化し、成功の仕組みを「他部署」にも拡大する

自部署を、最小の時間で最大の付加価値を生み出せる組織にしたら、次は「他部署」の番です。あなたが自部署を改善した仕組みを、さらに他部署にも拡大していくのです。

ここでも「言語化」が必要になります。自部署の改善には半年から1年ほどかかるかもしれませんが、その期間にやったことを時系列ですべて棚卸しして、どうやって自部署を改善・改

革したのかをきちんと言語化するのです。同時に、自部署と他部署の共通要素は何かを考え、棚卸しした内容を他部署に適応させるための具体的な方法を提案します。

自部署だけでなく、他部署まで改善できるようになると、おそらく、その人は昇進してプロジェクトチームのリーダーやマネジャーになり、さまざまな権限が与えられるでしょう。「この営業所で責任者としてすごく成果を出したよね。これだけの成果が出せるんだったら、マネジャーとしてこの3エリアを、すべて君に任せるよ」と言われるかもしれません。最小の時間で最大の付加価値を生み出すことの意義や、その仕組みがきちんとわかっていれば、マネジャーになったときでも、新たな部署に対して容易に仕組み化ができるようになります。

たとえば、あなたがマネジャーとして新たに3つのエリアを担当したとしましょう。自分がこれまで管轄していたエリアについては、すでに改善できているため、新しいエリアについても、これまでやってきた通りに改善の仕組みを導入すれば、必ずうまくいきます。もちろん、ここでも自部署改善のときと同じように、「なぜ自分は、ここまでうまくできてきたのか」を言語化しないと、確実な改善は実現できません。

ここで、ここまで解説してきた「自分→自部署→他部署」という流れのイメージを、もう一度具体的な数字にして見てみましょう。

あなたが１ヵ月に稼ぎ出している粗利益（付加価値創造額）が２００万円だとします。あなたは年間で２４００万円の粗利益を生み出しています。同じ部署内にはあなたを含め、10人のメンバーがいるので、みな同じような成果を出していれば、部署全体の年間の粗利は2億４０００万円です。

ここであなたが最小の時間で働けるようになり、自分一人で生み出す付加価値創造額（粗利）が年間３０００万円になったとします。この成功の仕組みを自部署内に拡大し、自部署のメンバー10人が全員あなたと同じような成果を出せるようになったとしたらどうなるでしょう？部署全体で年間2億４０００万円だった粗利益が、3億円になります。つまり、あなたのお陰で自部署の付加価値創造額が、年間で６０００万円もアップするのです。さらに他部署まで効果が拡大していき、もし他部署の30人に効果をもたらしたとなれば、さらに６０００万円の3倍、年間で1億８０００万円の粗利益向上を達成したことになります。あなたがそんな大きな成果を出せば、あなたの給与は大幅に上がるでしょう。

このように自部署に続いて他部署も改善できたら、その成果をしっかりと社長に伝えましょう。そのとき経営者は、次の2つの疑問を持つはずです。1つ目は「本当にそんな成果が出たのか？」であり、2つ目は「これは、たまたまうまくいっただけではないのか？　再現性はあるのか?」という疑問です。

この疑問に対して、きちんと言語化、数値化して理論的に説明できるかどうかが重要です。それができれば、社長に「これは、会社全体においても同じことができるな」と思ってもらえるはずです。

ここで大切なことは、社長に対して「ビフォーアフター」を明確に示すことです。つまり、「自分が自部署や他部署に影響を与える前は、みんながどんな形で仕事をしていたのか」「業績はどうだったのか」を示し、最終的に「それがどう変わったのか?」を、わかりやすく説明するのです。このとき、前述した「仕事の棚卸し表」を参考資料として提出してもいいでしょう。

また、ここでは必ず「数値」も一緒に見せなければなりません。成約率の変化や、売上、利益の変化がわかる表を見せて、「私の貢献・影響によって、こう変わりました」とアピールするのです。

私も実際に、あるクライアント企業の社長から、「うちの社員たちが2ヵ月間の研修を受けたんだよね。それで結局何がどうよくなったの?」と聞かれたことがあります。その社長が言いたかったのは、「これだけの金額を払って、このような研修を受けたのであれば、当然、営業の成約率や売上が上がっているはずだよね」ということです。

このときは実際に、もともと月間売上1900万円だった部署が、研修後は月間売上

2500万円に変わったという例が多発したので、その社長には納得どころか、感動していただき、大変感謝され、他の部署の研修もご依頼いただきました。このように明確に成果を示せば、「じゃあ、成約率アップの研修を、今度はほかの部署を対象にやってよ」と依頼されますし、そこでまた成果を出せば、さらに受注の幅が広がっていきます。

自社内で社長に報告・プレゼンするときも同じです。常にビフォーアフターを示すことを忘れないでください。

また、部署の特質によって、言語化、数値化すべきものが変わってくるので気をつけましょう。たとえば、経理部や人事部などバックオフィス系の部署の場合は、業務リストと各業務に使っている時間を中心に数値化すべきです。１人１時間当たりの仕事をいかに効率化できたかが重要だからです。

営業部であればＫＰＩ（重要業績評価指標）やＫＧＩ（経営目標達成指標）の変化をビフォーアフターで見せるべきです。そして、数値だけでなく、「なぜそのように変わったのか」を言語化して説明する必要があります。部署ごとの業務内容によって、「そこで求められているものは何か？」をよく考えてから言語化する項目を明確にすることが大切なのです。それを最初にしっかり決めておかないと、成果を明確かつ正確に伝えることはできないでしょう。

あなたが生み出した付加価値を「数値」「変化」「基準値」で明確化せよ

ここまでの話で、自分の成果を第三者に伝え、評価してもらうには「言語化、数値化」が重要だということが理解できたと思います。残念ながら、みなさんの多くが、自分が生み出した付加価値を具体的に数値化できていません。だから給与が上がらないのです。

この数値化という作業は、給与アップを目指すうえで非常に重要なポイントですので、もう少し具体的に説明しておきたいと思います。ここで紹介する数値化の考え方や算出方法は、みなさんが普段、直属の上司に成果を報告するときや、お客様に対してプレゼンするときにも役立つので、ぜひ覚えておいてください。

相手に短時間で成果を伝えるために、絶対に忘れてはならないことがあります。それは、「数値」「変化」「基準値」という3つの要素を明確に示すことです。

たとえば、営業担当者が上司に「今月の成約率が上がった」ことを報告するときに、「成約率が上がりました！」だけでは上司に成果が伝わりません。「今月の成約率が、33％に上がりました」と、きちんと数値を示して伝えるべきです。

しかし、ここで上司は、「成約率が33％になったのはわかったけれど、先月までの成約率は何％だったの？」と聞いてくるでしょう。このとき、「先月までは成約率25％だったのですが、今月は33％に上がりました」と「変化」を示すと、上司は「そうか、ずいぶん頑張ったね」と評価をしてくれるでしょう。しかしここで気をつけなければならないのは、少し遠い上司の上司や、人事や経営者にはそれでもわからないということです。つまり「基準値」がないのです。たとえば、「先月までは成約率25％だったのですが、今月は33％に上がりました。全社平均成約率は25％です。」と基準の数値を明確にして報告すれば、遠い存在の上司の上司や、人事や経営者も評価をしてくれる可能性が出てきます。

このように、自分が生み出した成果や価値を明確に示すためには、「数値」「変化」「基準値」の３つを言えるかどうか、そして相手がパッと見て、すぐわかるかどうかがポイントです。**この「パッと見て、すぐわかる」という点が非常に重要です。なぜなら、あなたの本当の評価者はあなたの直属の上司ではないからです。**最終的に評価するのは、あなたの上司の上司か、さらにその上司か、人事部または経営者です。超多忙な上司の上司や経営者が、あなたの成果を記した資料に目を通す時間は、ごくわずかしかありません。その人たちが、パッと見て、「彼はいい成果を上げているな」とわかるように表現しなければ、評価されるわけがないのです。

あなたが頑張って成果を出しているのに、いっこうに評価も給与も上がらないとしたら、その理由の一つは、自分が生み出した付加価値を数値化し、「数値」「変化」「基準値」の3つを明示していないからかもしれません。

さらに重要なのが、第2章でも述べたように、自分がつくり出した成果や価値が最終的に組織全体でどれくらいの価値を生み出すと想定されるか、という「想定価値」を数字で示すことです。先に「自分→自部署→他部署」とあなたの影響力を拡大していく流れを、具体的な数字で説明しましたが、それがまさに「想定価値」という考え方です。

次に、この想定価値の算出方法をもう少し詳しく説明しましょう。

「時間軸」と「人軸」の幅を広げて想定価値を算出する

想定価値を算出するとき、忘れてはならないポイントがあります。それは、「絶対値と相対値」を分けて考えることです。

たとえば、営業担当Aさんの月間成約率が「25％から33％に向上した」とします。この場合、成約率は何％向上したでしょうか？　ここで多くの人は33－25＝「8％の向上」だと考えてしまいます。しかし実際には、成約率は「32％」向上しています。

成約率が25％から33％に増加した場合、確かに絶対値としては8％の向上です。しかし25％から33％への伸び率を相対値で見ると、33÷25＝1・32となり、32％の向上といえるのです。意外にも、多くの経営者、ビジネスパーソンがこの数値の考え方（計算の仕方）を理解していません。

この考え方をベースに、実際に想定価値を算出してみましょう。

営業担当Aさんの月間成約率が「25%から33%に増加」した場合、月間売上が300万円であれば、成約率32%アップで月の売上は396万円になります。毎月プラス96万円という状態を1年間継続できたら、年間で1152万円の売上アップです。

さらに、6人いるチームの成約率平均値をAさんと同じレベルまで上げられたら、1152万円×6人＝6912万円です。全営業エリアの人数が30人だとしたら、3億4560万円の売上アップです。つまり、Aさんの「月間成約率が25%から33%に向上した」という成果は、なんと「3億円以上の価値がある」と想定されるのです。

これは非常に重要なポイントなのですが、この考え方を理解し、実際に数値化している人も会社もあまりいません。また、すでにおわかりかと思いますが、想定価値を算出する際に重要なポイントは「時間軸」と「人軸」を増やすことです。

自分が出した成果を、時間軸の幅を広げて「1年間で計算すると」と考え、さらに人軸の幅を広げて「これを部署のメンバー全員、全社員で取り組めば」と考えるのです。そうすることで、「点」の成果・価値が「面」の成果・価値に拡大していきます。

「1人1時間あたりの生産性が2000円アップしました。その仕組みを1年間、社員100

人が取り入れて成果を出したとします。人は年間約２０８０時間働くので２０００円×２０８０時間×１００人で、会社全体の生産性は1年で4億１６００万円アップすることになりますね」と説明すれば、上司や社長は、「なるほど、それはすごいな！」と評価できるのです。

本章では、組織で働く個々のメンバーが、どのように働けば自分の給与を上げられるのかについて、基本的な考え方と実践方法を解説してきました。ここでお話ししたことが実践できれば、あなたはどんな組織に所属しても、どこの会社に行っても、どんな仕事をしても「高給与をもらえる人」になります。**なぜなら、どんな経営者であっても、彼らが欲するのは「確実に成果を出し、その成果を明確に示せる人」であり、「再現性をもって継続的に成果を出せる人」であり、最終的に「組織の生産性を上げてくれる人」だからです。**

現在の年収が５００万円、６００万円の人が、年収１０００万円以上を目指すなら、臨時賞与など「インセンティブ」による報酬で稼ぐか、「組織の生産性を大幅に高める」か、どちらかしか方法はありません。インセンティブのアップを目指すのではなく、いかに確実に給与の金額を上げていくかが本書のテーマです。したがって、ここで改めて強調しておきたいのは、あなたが給与アップを目指すなら、「いかに組織全体の生産性を高めていくか」にフォーカスすべきだということです。

結局、あなたが給与を今以上に上げるためには、あなた自身を起点として、最終的にあなたが所属する組織（部署や会社）を「最小の時間で最大の付加価値を生み出す組織」にしていくしかないのです。これらの価値を理解してもらえるかどうかは、実際には上司や上司の上司、経営者・人事がこの考え方を理解しているかどうかにもかかっています。ある意味確率論的な面もあるのです。そこまでやっても給与が上がらなければ、自分が出してきた成果を商品にして、ほかの会社に売り込んでみましょう。あなたが「私は3年間で4億円の生産性改善プロジェクトを3つもやってきました」と言った瞬間に、「うちにきて、同じようなプロジェクトを立ち上げてもらえますか？」と言われるでしょう。

いずれにせよ、あなたが生み出した「付加価値最大化の仕組み」を、自分から自部署、そして他部署へと拡大し、最終的に「会社全体」を、最小の時間で最大の付加価値を生み出す組織にすることが最終ゴールです。

そのゴールに到達して給与も十分にアップし、「自社に対して、これ以上自分ができることはないな」と思ったら、さらなるステップアップを目指して独立を考えてもいいでしょう。独立してその仕組みやノウハウを他社に対して教えるコンサルティング事業を展開するのです。そうなると単なる給与アップの域を超えて、あなたのビジネスパーソンとしての未来は、さらに大きく広がっていくはずです。

COLUMN

社員も社長も、相手を動かしたければ「想定価値」を語れ！

前述した「想定価値」という考え方は、今後の経営にとってますます重要になっていくでしょう。

社員が社長に対して「想定価値」を示さないと動いてくれないように、社長も社員に対して「想定価値」を語らないと、社員は思うように動いてくれません。

以前なら、社長が社員に「この仕事は、このようにやってくれないか」「このような働き方をしてほしい」と言えば、ある程度その通りに動いてくれました。しかし今は、「Why?」を示すことが求められるようになりました。つまり、「なぜそれをやるのか?」を語らなければ人は動かなくなったのです。しかし近年ではさらに、「それをやった先にどんな結果が待っているのか」、つまり「想定価値」を語らなければ、動こうとしなくなったのです。

社長も社員も、最初は「小さな単位の価値」が、最終的に組織内でどれくらい大きな価値を生み出すと想定されるか、を算出して数字で示さないと、相手は動いてくれないということを知るべきです。その意味で、「想定価値」は、いわば経営者と社員のマインドを一つにするために必要な「共通言語」といってもいいかもしれません。

たとえば、社長が社員に「もっと頑張って生産性を上げてください！　そうすれば君たちの給与も上がるんだから」と言うと、おそらく多くの社員は、「結局、もっと頑張れ、もっと売上・利益が出るように根をつめて働け！　ということか……」と心の中で反発してしまうでしょう。社長が、「大事なのは、もっと働こう（MORE）ではなく、考え方、働き方を変えよう（CHANGE）、ということなんだ」と思っていても、社員にとっては「もっと（MORE）」というメッセージにしか聞こえないのです。

ここで重要なのが、社長が「最小の時間で最大の付加価値を生み出す」ことの重要性を理解したうえで、それを社員にしっかりと説明し、彼らに対して明確に「想定価値」を示すことです。

まず「あなたたちの給与を上げるために、みんながこれだけ頑張れば生産性がアップし、結果としてこれだけの価値（利益）を生むことが可能なんだよ」と想定価値を示すべきです。そして、その想定価値が生まれるように働き方を変革（CHANGE）すれば、給与アップだけでなく、仕事もラクになるのだ、というストーリーを語りましょう。

経営者のみなさんは、それを社員に理解してもらう努力をしているでしょうか。もう一度よく考えてみてください。

経営者、会社側が社員に対してどのようなアプローチをすべきか、については「あるべき評価・報酬制度」をテーマにした次章で詳しく述べますが、あなたが経営者なら、そうした制度を整える前にやるべきことがあります。

それは、まず経営者自身が「最小の時間で最大の付加価値を生み出す」ことの重要性を理解し、会社として今後「社員の給与」をどうしていくのかを意思決定し、それを社員に対してはっきりと伝えることです。そして、彼らに対して「同じ意識を持って、同じ方向を向いて進んでいこう！」というメッセージを出し続けていくことが大切なのです。

第 4 章

社員の価値最大化と報酬戦略

INCREASE ADDED-VALUE
FOR MORE
PRODUCTIVITY
AND
PROFITABILITY

「高利益化」と「高給与化」を同時実現する組織を目指せ

前章では、高給与を目指す働き方について、個々の社員として何をすればいいのか、についてお話ししました。本章では視点を変えて、社員の給与を上げるために、「経営者は具体的に何をすればいいのか」「会社として、どのような仕組みづくりをすればいいのか」について考えてみたいと思います。

本章で経営者のみなさんに提案したいのは、「社員の価値を最大化すること」と、社員が最小の時間で最大の付加価値を生み出すための「報酬戦略」です。

この「社員の価値最大化と報酬戦略」によって、キーエンスは「会社の利益向上」と「社員の給与アップ」の同時実現に成功しているのだと思います。したがって本章では、私が体験・見聞きしてきた報酬制度や評価制度などを紹介しながら、経営者が何に、どう取り組むべきかについて解説していくことにします。

本題に入る前に、もう一度みなさんに考えてほしいことがあります。それは、「会社の利益」と「社員の給与」という2つの重要な要素の関係性についてです。

ここまで、会社の利益を上げること（高利益化）と、社員の給与を上げること（高給与化）は密接に連動していると述べてきました。しかし第1章でも述べたように、経営における「コスト削減」という視点で見ると、この2つは相反するものです。つまり、多くの経営者は、「人件費を下げれば、会社により多くのお金が残り、逆に人件費を上げれば会社に残るお金が減ってしまう」と考えているのです。

経営者、または経営企画や事業企画の人たちは、「会社としてこの売上高、利益を確保するためには、人件費はこれくらいに抑えるのが適正だ」という発想で社員の給与額を考えます。彼らは、気持ち的には社員の給与を上げてあげたい、と思っていても、経営のことをシビアに考えると、「申し訳ないが、これ以上給与は上げられない」というジレンマに陥っているのです。

しかし、このように「高利益化と高給与化は相反する考え方である」と捉えていると、いつまでたっても社員の給与は上がりません。その考え方から脱却するためには、高利益化と高給与化の両方を同時に実現している仕組みを持っているキーエンスから私が学んだことは、きっと役に立つと思います。その仕組みができれば、社員も積極的に売上や利益を高めようと考え、行動し、結果として誰もが高給与を得られる組織ができあがるのです。

私がキーエンスという会社に入社したいと思った言葉に、「人件費は経費にあらず」という言葉がありました。人件費はコストではなく、価値を生み出すための重要な要素であるといわれていると捉えることができ、感銘を受けたことを覚えています。

本書冒頭で、「高給与を実現することは、社員だけでなく、経営者・会社にとっても大きなメリットがある」と述べました。

たとえば、「社員に経済的豊かさを提供できる」「優秀な人材が出て行ってしまう（転職してしまう）ことを防げる」「社員のモチベーションが上がり、さらに生産性が高まる」などです。また、人材採用において高給与を提示すれば、「新たにいい人材を確保できる可能性が高まる」というメリットもあるでしょう。ただし後述しますが、単なる高賃金はモチベーションを上げ続ける要素にはなりません。モチベーションを上げ続けるその仕組みは後ほどお話ししますので、期待しておいてください。

多くの経営者は、「高利益化」と「高給与化」の2つを両立することの本当の意義を理解していません。

「もっと社員の給与を上げてあげたい」と言っていても、せいぜい「給与を上げれば、みんな文句を言わずに働いてくれるだろう」「辞めるのを考え直してくれるだろう」というレベルでしか考えていないのです。

中には、「もう十分、他社よりもいい給与を払っているではないか」「なぜ、これ以上社員の給与を上げなければいけないのか？」「とりあえず業界の平均給与以上を出しておけばいい」などと思っている人もいるでしょう。


社員の給与を上げること、高利益化と高給与化を両立することの価値と意義は、そんなレベルの話ではないことは、ここまで読み進めてきた読者ならもう十分に理解できているはずです。

高利益化と高給与化を実現するためには、社員が自ら高い目標を掲げ、経営者が考えている以上の売上や利益を出そうとする力、エネルギーが必要です。そして「経営者が予想していたよりも大きな利益」が出たとき、その利益が自動的に社員の給与に最大限反映される仕組みづくりが必要です。

こう言うと、とてもシンプルな話に聞こえるかもしれませんが、この仕組みづくりは、いざ実践しようと思っても、そう簡単にはできないでしょう。ですが、ここまで述べてきたように、経営者も社員も全社一丸となって取り組めば、決して実現不可能ではありません。

このあと紹介する考え方や実践の方法をヒントに、ぜひあなたの会社も、高利益化と高給与化を同時実現する組織につくり変えていってください。

「最小の人と資本」で、「最大の付加価値」を生み出す

高利益化と高給与化を同時実現するために、経営者はキーエンスが最も大切にしている次の考え方を、もう一度念頭においておく必要があります。

「最小の資本と人で、最大の付加価値を上げる」

ここでいう「付加価値」とは、「お客様の感動」であり、お客様の感動＝「利益」すなわち「お金」です。

この「最小の資本と人で、最大の付加価値を上げる」という考え方の真意を、もう少しわかりやすく理解するために、私はよくキーエンスの先輩が教えてくれた次の言葉を紹介しています。

「売上だけ上げたいのであれば、鉄を1億円で買って、1億円で売ればいいでしょう。そうしたら売上は1億円です。しかし、そこには価値もなければ、利益もありません。そのとき、そ

こで働く人の『命の時間』は何のために使われたのですか？　価値0のためですか？　違うでしょう？　我々がビジネスにおいてするべきことは、仕入れたものに対し、『付加価値』をつくり上げ、それをお客様に買ってもらい、使ってもらい、その価値を感じていただく。その差分（仕入れと購入価格と顧客の得る価値の差分）こそ、私たちが『命の時間』を使ってつくり上げるものでしょう。それが付加価値なのです。そしてそれが利益になるなのです」

私もこの言葉を先輩に伝えられたときには、大変な感銘を受けました。

高利益化と高給与化を本気で実現しようと思うなら、この考え方を根底に持つことが、とても重要になってきます。

つまり、まず大前提として、もしあなたが「大事なのはお金（利益）じゃない」「お金を儲けること＝悪である」と思っているとしたら（たとえ潜在的にでも）、その考え方から脱却し、「より多くの価値をつくり、お金（＝利益と給与）を得ることは善である」という考え方に切り替えることが大切なのです。

ここで、「最小の資本と人で、最大の付加価値を上げる」とはどういうことか、具体的な数字で考えてみましょう。

資本（原価）と売上の差分から、粗利益が生まれます。このとき、最小の資本と人で最大の付加価値を生み出すと、利益が最大化します。「付加価値＝利益」なのです。

たとえば、売上が「5億円」で「1億円」の利益を出している会社と、売上が「3億円」で、同じく「1億円」の利益を出している会社、どちらがいい会社でしょうか？

売上だけを見ると前者のほうがいいと思うかもしれませんが、「最小の資本と人で、最大の付加価値を上げる」という考え方のもとでは、後者のほうがいい会社になるのです。後者のほうが、「同じ利益（付加価値）を生み出すためにかかった資本（工場・設備・材料など）と人（人の命の時間）が少ない」からです。

これは銀行からはあまり良い評価を受けなかったようですが、最近ではこの考え方を理解してくれる銀行も増えているようです。

この「最小の資本と人で、最大の付加価値を上げる」という考え方を最も重要な経営理念にするとすれば、「仕入れ値」はとても厳しく管理する必要があります。

たとえば、原材料や部品などを仕入れる際には「必ず相見積もりをとる」ということや、特定の1社のみから仕入れるということをしないということです。常に複数社から同じものを仕入れられる体制にし、「この原材料・部品を100万円で仕入れるのか、90万円で仕入れるのか」などと、慎重に吟味・検討して冷静に判断するのです。もちろんこれは、仕入れが滞り、商品を製造できず、お客様への価値提供が止まらないようにするという面でも重要です。

また、商品の販売価格（売値）設定をするときは、「この商品の仕入れ値はいくらだから、これくらい上乗せしてこの売値にしよう」という発想ではなく、「この商品を買ったお客様は、これくらい喜んでくれるはずだから、この売値にしよう」と考えていくことも重要です。付加価値ベースの価格設定、これを考えることが有効なのです。原価はさておき、「この商品が持つ価値を、いくらでお客様は買いたいというだろうか？」という発想です。

最大の付加価値を生むためには、いかに少ない資本と時間で「最大のお客様の喜び」「最大限お客様に役立つこと」をつくれるかが鍵となります。それが結果として「最大の利益」となります。

そして、その利益の分配方法を先に決めておけば、会社に残るお金と、社員に給与として出せるお金の額が順番に、自動的に決まっていきます。最大の付加価値を生み出せば、最大の利益と最大の給与を自動的に生み出せるのです。

この流れ、構造をつくれたら、お客様は付加価値を得てｗｉｎ、会社も利益を得てｗｉｎ、そして社員も高給与を得られてｗｉｎ、という「ｗｉｎ－ｗｉｎ－ｗｉｎの状態」が成立するのです。

「社員の価値」を最大化すれば、経営者の予想を超えた成果が生まれる

ここまでの説明で、「最小の資本と人で、最大の付加価値を上げる」という考え方における、「最小の資本」で、という部分については理解できたと思います。

では、もう一つの要素「人」についてはどのように考えればいいのでしょうか。その点については第3章でも述べましたが、ここでもう一度おさらいしておきましょう。

「付加価値を生み出すために投入している時間」を今よりも短くすれば、1人1時間あたりの付加価値生産量が高まり、会社としてはその付加価値に対して高給与を払う余裕が生まれる。

これが、なぜ「最小の人で、最大の付加価値を上げる」ことで、給与が上がるのか？　という問いに対する回答です。社員のみなさんが給与を上げたければ、常にこのことを頭において仕事ができるのです。

では、経営者は「最小の人で、最大の付加価値を上げる」という課題に対して、どのような

姿勢で取り組めばいいのでしょうか。

答えはシンプルです。それは、「社員が生み出す価値」「社員自身の価値」の最大化を第一に考えるのです。

すべての社員が「1人1時間あたりの付加価値創造額」を最大化してくれれば、会社の利益も社員の給与も上がります。したがって経営者は常に、「どうすれば社員の価値最大化ができるか」を考え続けていくことに集中できるのです。

ここで重要なのが、一人でも多くの社員が「経営者が期待する以上の価値（成果）を出してくれる状態」になることです。

社員に対して「うちの社員たちは、われわれの予想以上に成果を出してくれる」そんな期待をもって会社の運営ができればどうなるでしょうか？　社長や幹部たちが予想する、「どんなに頑張っても、これくらいの成果しか出せないだろうな」と考えるレベルを、多くの社員が超えてくるのです。

これは営業の売上だけでなく、新商品企画においても同様です。

「社員から出てくるアイデアや新商品企画は、これくらいのレベルだろうな」と考えるラインを超えて、「すごい！　こんな企画があるのか」「こんな発想もあるんだ」という画期的なアイデアや企画がどんどん生まれてくるのです。

多くの経営者は、「社員の意見や発想を大切にしたい」「社員からの提案やアイデアを、どんどん取り入れていきたい」と口では言っても、本音の部分では「社員たちに自由に考えさせても、なかなか新しいものは生まれない」「社員が発想したものは、だいたい役に立たない」と思っています。厳しい状況かと思いますが、この期待を超える仕組みにできている会社は少ないと思います。

実際に多くの会社では、経営者や経営企画の人間が考え、生み出した価値のほうが高く、社員は経営者らを上回る価値、期待以上の価値を生み出せていません。

それは当然です。多くの会社では、まず経営者らが新たな市場をつくり出し、そこに人を投入していく形で事業展開します。社員に「社長の予測・期待よりも高い価値を生み出せ」と言っても、じっくりマーケットを見すえて、考え続けた経営者を超えることなどできていないのです。

しかし、キーエンスでは「この市場でそんなことができるのか」「お客様は、こんな付加価値を求めていたのか！」というアイデアや企画が次々と出てきていました。「最小の人で、最大の付加価値を上げる」ためには、社員が経営者の予測・期待を上回る成果を出し続けることが重要なのです。

では、なぜキーエンスではそんなことが実現できているのでしょうか？

その秘密の大きな要因のひとつに「報酬戦略」があると思います。

報酬制度、評価制度を活用することによって、社長や上司からの指示やノルマではなく、社員たちが自ら進んで高い目標を掲げる仕組みをつくることは可能なのです。そして、上層部が「まあ、これくらいの成果は出してくれるだろう」と思った成果・業績よりも、さらに高い成果・業績が出てくることもあるのです。社長や上司が、「そんな高い目標を掲げて、本当に達成できるのか？」と思っていても、社員は「絶対やりとげる！（なぜなら自分のためだから）」という意欲があり、本当に達成してしまう、そのような流れを組み上げることは可能なのです。

こういう流れ、仕組みができると、場合によっては経営者よりも社員のほうが、「組織全体が生み出す付加価値を最大化しよう」という強い気持ちを持つようになります。キーエンスはそうした構造をつくることで、常に最大の付加価値を創出し続けているのだと思います。

「3つの歯車」がかみ合って回転する「キーエンスに学ぶ報酬戦略」

ここからは、「最小の資本と人で、最大の付加価値を上げる」ための、「報酬戦略」とはどのようなものか？　その制度や仕組みについて具体的に見ていくことにします。優れた報酬戦略の考え方を学び、それをヒントにあなたの会社でも新たな報酬・評価制度を構築すれば、きっと「社員の価値最大化」を実現できるはずです。

本書で紹介する報酬戦略には、主要な柱となる次の3つの報酬・評価制度があります。

・全社業績連動型報酬
・クラス別評価制度
・相対評価

この3つ、全社業績連動型報酬×クラス別評価制度×相対評価という仕組みが歯車のようにかみ合って回転することで、どこよりも最大の付加価値を生み出し、高利益化、高給与化を実現していくのです。

まず「全社業績連動型報酬」から、その具体的内容を説明していくことにします。

キーエンスでは、営業利益の一定割合を、一定期間ごとに全社員へ給与として分配しています。たとえば営業利益が500億円出たら、その10%、つまり50億円を全社員へ分配するのです。これが全社業績連動型報酬の基本的な仕組みです。※キーエンスの公開されている平均給与と業績から逆算するとおおよそ10%程度になるのではないかと想定しています。

この話をすると、よく「キーエンスさんでは、インセンティブ制度を導入しているんですね」と言われますが、これはインセンティブ制度ではありません。

インセンティブ制度というのは、個人の仕事の成果に対して報酬を与える制度です。保険会社やM&A会社などの業種で多く導入されており、たとえば「営業のAさんが1億円の利益を上げたとき、10%の1000万円をインセンティブとしてAさんに支給する」というものです。

全社業績連動型報酬の制度では、個人の業績ではなく、全社や部署・チームの業績が上がれば、それに連動して全体の給与（給与＋賞与）も上がるというシステムなので、インセンティブ制度とは根本的に異なります。

また、個人が上げた利益をその人に分配するインセンティブは、社員のモチベーション向上には貢献しますが、逆に個人が自分が上げた成果のノウハウを隠してしまうため、会社に「利益向上のノウハウ」がたまらないという弊害があります。

多くの場合、利益を上げられたのは、個人の力によるものであって、ほかのメンバーのおかげでもなければ、組織に組み込まれた優れた仕組みによるものでもありません。また、自分一人が頑張って大きな利益を上げたとき、その成功のノウハウを、社内のほかの人にも教えるでしょうか？　よほどいい人でなければそんなことはしないでしょう。

そのため、保険会社などインセンティブ制度を導入している会社では、月に1億円稼ぐ人もいれば、500万円も稼げない人もいるという状態になるのです。

もちろんインセンティブ制度が悪いというわけではありません。新たに会社を立ち上げて、「よし、一気に業績を伸ばしていこう」「会社側が細かい指示をしなくても、自分の頭で考えて頑張って欲しい」という状態のときに、この制度は有効です。しかし残念ながら、前述したように、組織に「成功のノウハウ」がたまりにくいのです。

さぼることが許されない全社業績連動型報酬

全社業績連動型報酬は、個人プレーではなくチームプレーを基本とし、個人責任ではなく連帯責任という考え方が基本となります。みんなで成果を出せば、みんなの給与も上がり、みんなで頑張っても成果が出なければ、みんなの給与も下がるのです。つまり全社業績連動型報酬は、「チームで戦うことに対しての報酬」なのです。

たとえばあなたが月1億円の利益を上げている営業だとします。あなたの会社にいるほかの営業メンバー10人は、一人５００万円の利益しか上げていません。あなたとほかのメンバー合わせて、部署全体の月間利益は1億５０００万円です。もし会社が全社業績連動型報酬の制度を導入している場合、そのままでは、あなた一人だけが頑張っていても、あなたの給与もメンバーの給与も上がりません。

そこで、あなたは1億円の利益を上げる仕事のやり方を、社内のほかのメンバーにも教えてあげる必要があります。その結果ほかのメンバーも、一人1億円とまではいかなくても、一人5000万円の利益を出せるようになると、あなたが出している1億円の利益に加えて5億円の利益が出て、会社全体の利益が6億円となります。

ここで全体の利益の10%をみんなで山分けする場合、全体のパイが1億5000万円の場合と6億円の場合では、どちらのほうが給与が高くなるのかと考えると、当然後者のほうです。

ここで注目すべきポイントは、ほかの人に利益を上げる仕事のやり方を「構造化し、横展開する」ということです。成功の秘訣を教えることで組織全体の利益が増え、みんなの給与が増え、会社としても利益向上のノウハウがたまります。

このような仕組みにすることで、「頑張っている人がもっと成果を出せるよう、サポートしてあげよう」「成果が出ない人がいたら、助けてあげよう」、そして「全体でプールされる分を増やしていこう」という社員のモチベーションが喚起されていきます。社員が自分のことだけを考えるのではなく、社員同士がお互いに手を取り合って助け合うようになるのです。

反対に、もし周りに手を抜いて仕事をしている人がいたら、その人に対して不満や怒りが湧いてくるかもしれません。「彼が利益を上げないせいで、自分たちの給与が上がらないじゃないか」「彼はあまり頑張っていないのに、なぜ彼にもあんなに報酬が与えられるのか?」と思うのです。

たとえば戦場で一人だけ士気の低い兵隊がいたら、部隊全体が巻き添えになって、仲間が命を落としてしまうかもしれず、場合によっては部隊が全滅してしまうかもしれません。部隊の兵たちは、「もっと命がけで頑張ってくれよ！」と思うでしょう。このように、互いに助け合うという働きが生まれ、反対に「さぼることが許されない」という状態になるのが、全社業績連動型報酬の特徴なのです。

離職率を下げるには「報酬の分配タイミング」を早めよ！

キーエンスの全社業績連動型報酬には、さらに、他社とは異なる特徴がありました。それは、「全社利益の社員への分配タイミングが早い」という点です。

多くの上場企業で導入されている「従業員持株制度」も全社業績連動型報酬の一種です。社員は持株会に加入していれば、拠出額に応じた割合で配当金などを受け取れます。

しかし持株制度の場合、どれくらいの金額が手元に戻ってくるのかがわかりませんし、多くの場合すぐには利益を得られません。一方、全社業績連動型報酬では、どれだけの利益を享受できるのかが事前にわかり、しかも数ヵ月という短期間で報酬を得ることができます。

人は、「長期的なビジョンや目標が大事」とはわかっていても、「短期的な報酬」のほうが明確で頑張りやすい傾向があります。人間も、ずっと先に大金をもらうよりも、額は少なくても、すぐにお金をもらうほうを望みます。もしみなさんの会社が全社業績連動型報酬の制度を導入するなら、全社利益の社員への分配タイミングをできるだけ早める仕組みを構築していくことも重要なのです。

また同社では、毎月の給与にも全社利益が振り分けられていました。そのため、毎月のように給与額が変動しました。社員たち(私も含め)は支給額が上がれば「よし、もっと稼ごう!」と思い、もし少しでも前の月より下がれば「来月はもっと頑張らなければ」という気持ちになったのです。

これがもし「全社利益の給与への反映は1年後です」などと言われていたら、自分の頑張りが報酬反映されるのが遠く、途中でモチベーションは下がり、へたをしたら、そんな報酬制度があったことなど忘れてしまう人も出てくるかもしれません。

全社業績連動型報酬は、支給できるタイミングをできるだけ早めに調整して、小分けに支給することによって、社員の仕事に対するモチベーションが維持できます。と同時に、社員の離職率を下げるという効果もあります。この制度を導入する場合は、ぜひ報酬の分配方法に気をつけて制度設計を行ってみてください。

職務よりも責任を重視する、「クラス別評価制度」

ここまで、キーエンスの報酬戦略の主軸と考えられる「全社業績連動型報酬」について解説してきました。この後にお話しする2つの制度は、その分配をより精緻にしていく方法です。もし第一手に何をする？　と聞かれたら、全社業績連動型報酬です。そのため、この後の2つの仕組みは、全社業績連動型報酬の後に参考にしてください。

ここからは残りの2つ、「クラス別評価制度」と「相対評価」について解説します。まずは「クラス別評価制度」についてです。

キーエンスでは、「クラス」と呼ばれる責任の区分けが2から8くらいまで設定されていました。私がいたときは、スタートが3だったので、あなたの会社においても2～8が正しいというわけではありません。

新卒で入った新入社員は「クラス2」で、在籍年数と頑張りによって徐々にクラスが上がっていきます。

ちなみに同社では、「課長」「部長」「社長」という「長」のつく役職名を使いません。かわりに「責」という呼称を使い、部長は「部責」、社長は「社責」と呼ばれます。なぜそのような呼び方をするのでしょうか？　それは、「役目」や「職務」よりも、「責任」が重視されていたからだと思います。

責任は英語で「レスポンシビリティ（responsibility）」といいます。つまり責任を持つとは、何かの事象が起こったときに、その事柄に対して、レスポンス（応答、対応）ができるということです。何を聞かれても、どんな状況でも的確な応答、対応ができることが責任なのです。

私も入社するまで、こうした呼称は聞いたことがなく、また、同社をやめてからもそういった話を聴かないので、最初は少し違和感があったのですが、最近ではキーエンスの現役社員が「先日、社責がですね……」などと話すのを聞くと懐かしく思います。

クラス2の新入社員は、まだ仕事についての知識がほとんどない状態です。そのような状態で、大き過ぎる責任を与えても果たせるわけがありません。しかしクラスがあがっていけば、何を聞かれてもすぐに答えられるようになっていきます。

クラス2の新入社員とクラス8の社員とでは、経験や能力に大きな差があるため、彼らに対して同じ評価制度を適用するのはナンセンスです。

たとえば、新卒の新入社員には、会社側から「あなたはクラス2だから、今は素直に学ぶことに集中して頑張ってほしい」という期待を寄せるとよいでしょう。クラス8の人たちのように、「すべての状況やデータを把握して行動してください」というようなことは求められません。「まずは目の前の案件に真面目に取り組み、愚直に学んでください」という段階です。

このようにクラス別評価制度では、「その人に何を期待するか」を明確に分けることが重要です。毎月の基本的な給与額もクラス別に決めていき、そのうえで、後述するクラス内での「相対評価」が行っていくと効果的です。理由はこれらすべての仕組みの掛け算がご理解いただけたときにわかります。

1時間でいくら稼ぎ出すべきか？「時間チャージ」という考え方

このクラス別評価に関連して、重要な考え方があります。それは「時間チャージ」というものです。

時間チャージとは、クラス別に決まっている、その人が「1時間で稼ぎ出さなければいけない金額（成果、付加価値）」です。

「全社業績連動型報酬なのだから、新人もベテランもみんな同じように頑張れ！」と言われても、何をどれだけ頑張ればいいのかの指標がないと、みんな困ってしまいます。新入社員には新入社員の、マネジャーにはマネジャーとしての「頑張る指標」が必要です。その指標は当然クラスによって異なるはずです。

そこで、「あなたに課せられた、1時間あたりに稼ぎ出さなければいけない成果は2万円です」「あなたの場合は5万円です」と具体的な金額で言われたら、「なるほど」と納得できます。

自分が出すべき1時間あたりの成果、付加価値はどれくらいか？　会社やお客様に対して、どれくらいの「役立ち度」を発揮すべきかを、「時間チャージ」という具体的な金額で設定してくれているのです。

時間チャージ金額の算出方法は、全社成果を1年間の全社員総労働時間で割ったものを平均値にしていたと記憶しています。例えば、従業員が10000人、一人あたりの年間総労働時間を2000時間としたとき、全社員の年間総労働時間は、2000万時間になります。年間5000億円の利益が出ていたとしたとき、それを2000万時間で割ると、1時間2・5万円です。このような計算方法が時間チャージの平均値になります。つまり、1時間で、2・5万円の付加価値をあげなければ、期待されている付加価値創造量よりも低いとなるわけです。

多くの会社では、この「時間チャージ」という考え方が欠落しているため、しばしば次のようなケースが見受けられます。

ある会社で、役員Aさんが新規店舗立ち上げのため、毎日のように現場に足を運んでいました。もちろん現場で全体のマネジメントやオペレーション管理の指揮をとるのであれば問題はありません。しかしAさんは、店頭に立って社員と一緒に接客をしていたのです。それではアルバイトの業務と変わりません。Aさんに課せられた時間チャージの金額、費用対効果で考えると、これは絶対にやってはいけないことです。

たとえばAさんの月給が１００万円だとして、会社としては、その3倍くらいは稼いでもらわないと困ります。１ヵ月間で３００万円稼ぐためには、1時間で約2万円は稼がなければなりません。アルバイトと同じことをやっていたら、絶対に1時間2万円は稼げないでしょう。

私がキーエンスにいたとき体験したのは、一人一人が時間チャージに見合った仕事をしていたということです。「クラス別評価制度」と「クラス別時間チャージ」という考え方に基づけば、誰もが自分に課せられた責任に応じた成果、付加価値を生み出そうという意識が高まります。その結果、ムダなく「1人1時間あたりの付加価値創造額」を最大化し、それが高給与へとつながって行くのです。

ちなみにこの時間チャージがあると、社内でも「自分に課せられている時間チャージはいくらか？」を意識して行動することができます。そのため、社内会議でもムダが排除されていくのです。

たとえば1時間の会議に10人が参加するのであれば、60分×10人で合計６００分（10時間）の時間チャージを使用することになります。そこで、「この会議にこんなに時間をかける必要はあるのか？」「この会議にこれだけの人数が参加する必要はあるのか？」という発想で考えます。したがって、長時間に及ぶ会議や余計な人が参加する会議はほとんどありません。

みなさんは、普段の仕事でこの「時間チャージ」をどれだけ意識しているでしょうか？

あなたがマネジャークラスで、本来なら1時間で何万円という金額を稼ぎ出さなければならないにもかかわらず、その1時間を、本当はあなたがやるべきではない雑務などに費やしていないでしょうか？

「時間チャージ」の意識がないと、先ほど例に挙げた、店頭でアルバイトのように働いている役員のような状態になってしまいます。それは、「最小の時間で最大の付加価値を生み出す」という、本来あるべき姿と完全に逆行しています。

反対に「時間チャージ」に意識を向ければ、役員や管理職など責任ある立場の人がムダな仕事をしなくなり、同時に「最小の時間で、最大の付加価値を生み出す」ことにつながるのです。

「相対評価」が引き起こす「シェア争い」という効果

この相対評価と対を成すのが絶対評価だと思いますが、ここでは、絶対評価と相対評価のメリットデメリット含めて解説していきます。

キーエンスは、絶対評価ではなく「相対評価」の制度を導入していました。


絶対評価というのは、決められた目標の達成度を絶対的に評価するもので、会社が社員に対して「この仕事をここまでやったら評価します」という評価方法です。一方で、相対評価は組織内での相対的な位置づけによって各人の成果を評価するもので、「ほかの人と比べてどれだけ成果を出せたか」で評価する方法です。

クラス別評価制度と相対評価が掛け合わされると、同じクラス内、エリアマネジャー間で個々の成果が比較され、相対的な評価が行われることになります。

多くの場合、相対評価単体を採用すると社員同士の仲たがいや足の引っ張り合いが起こります。「なぜ彼が評価されて、私が評価されないのだ」「あの人が評価されたせいで、私の評価が下がるのはおかしい」という心理が働くためです。それを防ぐための制度が絶対評価です。そのため、多くの会社では絶対評価を導入しているはずです。

絶対評価は「会社からの期待に対してこれだけ頑張ってくれたら、ほかの人と比較することなく評価します」というものなので、評価の結果によって社員同士がいがみあうことはありません。そうした社員同士の対立を防げるという点で、絶対評価にも利点はあります。

しかし、社員同士が互いにいい影響を及ぼし合うなど、社員間での有機的な融合が起きにくいという欠点もあります。つまり絶対評価では「ここまでやったら自分は評価される。だからあとは何もしなくていい」と考えてしまい、「この成功ノウハウをほかの人にも教えよう」「周囲をサポートしてあげよう」というモチベーションを生むなど、それ以上のプラス効果が生まれないのです。

そうしたジレンマを解消しているのが、全社業績連動型報酬×クラス別評価×相対評価という仕組みです。この仕組みによって、前述したように、社員同士の足の引っ張り合いが起きないどころか、逆に助け合いが起こります。

また、相対評価によって、助け合いと同時に「競い合い」も起きます。その代表的なものが「シェア争い」です。

相対評価を導入していれば、たとえば、マネジャーは、高い目標を掲げます。ほかの部署より高い目標を掲げて、他部署より多くの売上・利益を上げたほうが評価されるので、できるだけ多くの社内シェアを奪いにいこうとするのです。

たとえば、ある部署が上げた前期の利益が、全社利益の30%のシェアを占めていたとします。

今期は頑張って全社利益の35％のシェアを取れました。シェア率を5％伸ばしたのです。この場合、その部署は価値がほかの部署よりも高いと評価されます。もちろん売上目標などの達成も重要ですが、それ以上に大切になるのは、「他部署よりも、どれだけ多くのシェアを伸ばせたか」です。

相対評価を主軸に置くと「目標達成率」を上げるよりも、相対的な視点で「自分たちが、いかに他部署よりも高い成果を出せたか」が重要で、「シェア率」を上げるほうが、高い評価を得られます。「目標達成率が１２０％でした」という状態でシェアが伸びていないよりも、「目標達成率は99％でしたが、シェアが伸びて他部署よりも高い業績を上げました」というほうが相対評価では評価が高いのです。絶対評価ではこのような作用はおきません。

最初に掲げる目標の数字を低く設定すれば、当然、目標達成率は高くなります。もちろん達成率も評価の対象ですが、低い目標にしたうえでの、達成率が高いことにはあまり価値はありません。それよりも、去年よりも今年、前期よりも今期、「どれだけほかより大きなシェアがとれたか」のほうが重要になるのです。

そのため、個人間でも同じような競争が起きます。

たとえば、営業Aさんが去年1億円の利益を上げていたとします。同僚Bさんも去年1億円の利益を上げていたら、その時点ではイーブンです。

今年、Aさんが「1億1000万円の利益を出す」という目標を掲げたとします。するとBさんは「じゃあ私は1億2000万円の利益を出します！」と、同僚よりも高い目標額を掲げようとします。より高い目標を掲げて、達成したほうが評価が高くなるからです。

絶対評価であれば、会社が提示した「一人1億円以上の売上を上げてください」という同じ目標に向かって競争します。しかし相対評価の場合、同じクラスの人同士で、「Aさんがその金額を目標に掲げるなら、私はこの金額を目標にします」と、他者との競争になるのです。

この仕組みの利点は、会社側が「これくらいの売上を上げてほしい」と思っている以上の結果が出てくる点です。クラス内での競争、シェア争いとなるため、切磋琢磨が起こるからです。

絶対評価と相対評価のメリット／デメリットと、「掛け算」でデメリットが消えることなどがわかると理解が一気に進みそうです。

ここまでをまとめてみると、相対評価と絶対評価だけでは、どちらもメリットデメリットがあります。しかし、全社業績連動型報酬×クラス別評価制度×相対評価の掛け算の仕組みがあると、相対評価のデメリットが消え、絶対評価制度よりも会社にとっても社員にとっても成果を上げることが合理的な仕組みになっていくのです。

相対評価のメリット・デメリット

相対評価のメリット

・高いパフォーマンスを持つ従業員を明確にする
・組織内での競争意識が向上する
・低いパフォーメンスの従業員を特定する

相対評価のデメリット

・過度な内部競争が生じる可能性がある
・チームワークや協力の精神が低下するリスク
・不公平感や不満が生じる可能性がある

絶対評価のメリット・デメリット

絶対評価のメリット

・公平で透明な評価が可能になる
・協力的な文化やチームワークを維持しやすい
・個人の成長や努力を正確に評価することができる

絶対評価のデメリット

・すべての従業員が高い評価を受ける可能性がある
　→高パフォーマンスを持つ従業員の識別が難しい
・競争（切磋琢磨）が起きにくい
・成果につながるかは不明

ちなみに目標設定に関していうと、キーエンスには、常に成果を狙って、プランを立てるという考え方がありました。これは、社員一人ひとりが3ヵ月に一度、「私はこのような成果を上げます」と宣言して目標設定し、上司との面談のうえアクションプランを立て、その目標に向かって取り組むという制度です。

そこでは、「あなたのクラスであれば、期待されているのはもっと上のことですね」、逆に「あなたに期待されているのはここまでだから、しっかりと目の前の成果に集中しましょう」などと、目標設定について細かい調整が行われます。この先3ヵ月でやるべきことを明確にし、上司などからの面談が行われ、確実に目標に向けて仕事を進められる仕組みになっています。

また毎月、3ヵ月の目標に対して、今どの程度の進捗かを振り返ります。

どんなにいい評価制度をつくっても、的確な「評価者」がいないと意味がない

ここまでの解説で、「クラス別評価制度」と「相対評価」の仕組みが理解できたと思いますが、これらの評価制度が確実に機能するために、一つ重要なポイントがあります。それは、「的確な評価者が置かれているか」です。

いくら優れた仕組み、制度があっても、社員が上げた成果、生み出した付加価値をきちんと評価できる人が評価しないと意味がありません。

たとえば営業担当者を評価できる人というのは誰でしょうか？　営業担当者の動きをしっかりと分析でき、市場への価値貢献を分析でき、その評価ができる役割の人です。これは、多くの場合人事部ではないことがわかるでしょうか？　では、誰であれば評価することが可能でしょうか？　それは、営業の動きをすべて把握している営業部長が評価者となり、それらをデータ面からすべてを把握しているマーケティング部のサポートを経て行う、などが例になります。

ちなみに、評価は、できうる限りデータによって行うことが効果的です。一般的な会社では、「結果は出ていないけれど、これだけ頑張っているから、少しは評価してあげよう」などと、情緒的な要素も加味して評価するケースもあるでしょう。しかしキーエンスではそうした評価をできうる限りなくしているように思います。

ただし、頑張りをまったく評価しないというわけではありません。特に営業の頑張りについては行動評価によっても評価されていました。

これは、売上実績だけの評価ではなく、営業一人ひとりの「日々の行動＝アクション」に関しても、「頑張っている」という事実に対して、きちんとポイントをつけて数字で評価してあげよう、という制度がありました。

評価制度においては、社員が「きちんとした評価者が、ちゃんと見ていてくれる」「公平に評価してくれている」と感じることが重要です。きちんと見ていない人、現場のことをよくわかっていない人、評価者として不適格な人から、「あなたは、成果が出ていませんね」などと言われたら、誰もが「なぜこんな人に評価されなければいけないのか？」と思うはずです。そうなると社員のモチベーションが低下するだけでなく、場合によっては離職原因につながります。

あなたの会社では、現場のことをよくわかっていない人が評価したり、評価者の個人的な判断基準で評価する、ということがないでしょうか。

評価制度という構造において、「評価者」という歯車が錆びついていてうまく動かないと、全体の歯車がきちんと動きません。どんなにいい評価制度をつくりあげても、社員が上げた成果、生み出した付加価値をきちんと評価できる人が評価しないと意味がないということを、ぜひ心に留めておいてください。

バックオフィスにも求められる「明確な成果（付加価値）」

ここまで、主に営業などフロントオフィスの仕事を中心に、社員の価値最大化のための報酬・評価制度を見てきましたが、ここで、経理・人事・総務などバックオフィスの業務についても少し触れておきましょう。

ここまで述べてきたように、営業やマーケティングなどフロントオフィスの人たちの価値最大化については、みなさん比較的イメージしやすいと思います。では、経理や人事など、バックオフィス業務を担当する社員たちの価値最大化は、どのように考えればいいのでしょうか。

第2章で、「一見給与が上げにくそうなバックオフィスの仕事でも、自分の作業を効率化し、効率化した仕組みを部署内、他部署、会社全体と広げていくことで、大幅に給与を上げることができる」と述べました。

ここで重要となってくるのが、「明確な成果（付加価値）」という考え方です。「明確な成果（付加価値）」とは、経理・人事・総務などバックオフィス業務担当者でも、「付加価値を上げれば、それが評価につながることを明確にしなければいけない」という考え方です。

ここまでに何度か出てきましたが、キーエンス社内では「付加価値向上にどれだけ貢献しているのか」という意味合いで、「役立ち度」という言葉がよく使われていました。この「役立ち度」という考え方はどの部署でも重要視されており、当然、バックオフィス業務でも、どれくらい「役立ち度」を発揮したのかが評価の対象になります。

キーエンスは営業がすごいと思われがちですが、実は管理部門も非常に優れています。たとえば管理部門にも、しっかりと「会社全体のコストダウン」という目的があります。そうすると、管理部門は全体でコストダウンや高効率化、高付加価値化するための施策を考えます。その後その項目に対して、自社内でシステム化して簡単に処理できる仕組みをつくるにはどうしたらいいかを考えます。

ただし、社外に出す業務を減らしたり、システム化して、コスト削減したとしても、社内でかかる時間と工数を上げてしまったら意味がありません。そこで、各項目をどうしたら最小の時間、最小のコストで処理できるかを考えて仕組み化するのです。

「明確な成果」で目指すものは付加価値です。

多くの会社では、管理部門などバックオフィス業務担当者は、「私たちができることは、決まりきった作業だけ」「営業のように付加価値など生み出しようがない」と思ってしまいますが、それでは自社の価値最大化はできません。そう思った瞬間に、付加価値を生み出す組織全体の歯車も止まってしまいます。逆に管理部門は組織全体が見える位置にいることから、営業個人よりも全体付加価値をあげる施策を立てやすい位置にいるのです。

どんな部署にいようとも、どんな仕事をしていても、全社員、会社全体で付加価値の最大化を目指すことが大切なのです。

「シングルインプット」「マルチアウトプット」が必須

先ほど挙げた例のように、もし高収益化と高賃金化を同時に達成していきたいのであれば、ムダな作業、時間がかかっている仕事をどんどんシステム化していく必要があります。特にデータ入力作業は徹底的にムダを省きます。これは同社で教えられたことではありませんが、実際に行われていたことの基礎は「シングルインプット、マルチアウトプット」でした。

一度入力したデータは二度と入力しないようにする「シングルインプット」で作業が省力化され、そしてそのデータを、いろいろな方法で表示・出力（マルチアウトプット）できるようにするのです。

多くの会社では、「営業担当者が作った紙資料上のデータを、営業事務や管理部門の人がもう一度打ち込む」といったムダな作業をしています。そうしたムダな作業を省き、営業担当者が全社で共有できるツールやシステムに直接打ち込めばいいというのが、シングルインプットという考え方です。営業と事務という形で役割は分かれていたとしても、打ち込む内容は最小にしていけるように工夫することが求められます。

多くの会社が、何人も何回も大量の同じデータを打ち込む作業をしています。最小のインプットにすれば、データ処理が1時間で終わるのに、マルチインプットで2日も3日もかけたり、たくさんの事務員で処理をするという、非効率なことをしているのです。

たとえば、シングルインプットを基本に考えると、営業関連データを打ち込んだら、様々なシステムと連携し、決算、業績予測、生産管理システムなどともつながるようにしていくというこことです。全社員のパソコンが本部システムにつながってさえいれば、入力されたデータ内容から、いつどんな利益や売上が出てくるのかという予測まで、一気通貫で「見える化」することも可能なのです。

そうしたシステムを構築すれば、先ほどの例のように、監査法人など外部の会社へ依頼する仕事も減っていきます。

会社における管理部門の役割、彼らが生み出す付加価値は非常に重要です。

当然、本書でご紹介するような報酬・評価制度を導入しようとするなら、経理や人事の力が必要となります。

「業績連動」「クラス別」「相対評価」の掛け合わさった報酬・評価制度の仕組みを聞いて、「こうした報酬・評価制度の仕組みは、経理や人事など管理部門からすると都度計算をしなければならず、給与計算などオペレーションが大変なのではないだろうか？」と思った人もいるでしょう。実際、あなたの会社でいきなりこの制度をそのまま実施しようとすると、経理や人事担当者は「そんなこと、できるわけありません。計算が大変過ぎますよ」と言うでしょう。こうした制度を導入するのは確かに大変です。ですが、仕組み化してしまえばその問題は解決します。

たとえば、前述した「シングルインプット、マルチアウトプット」もその一つです。営業担当者が作った営業活動の報告書やデータを、営業事務や管理部門が紙でもらってきて、もう一度打ち込み、再度出力して、計算して、他の部署でも出力し、計算して……とするのではなく、共有ツールに直接打ち込むシステムにし、そのシステムから共通で出力するようにすればいいのです。そうすれば経理や人事の仕事が大幅に減ります。

そうしたちょっとした工夫や改善で、あなたの会社でも導入することが可能になります。どうしたらこの仕組みを効率よく運用できるのか、管理部門と相談しながら、ぜひチャレンジしてみてください。

一般の企業にとってはやや複雑な報酬制度、評価制度を導入するためには、管理部門の全面的なサポートとバックアップが必要不可欠です。特に大企業では、管理部門を中心とした効率的な仕組み化が肝になります。

その意味で、大企業における高給与化のための仕組みづくりは、管理部門が主軸となって推進しなければ実現しないと言っても過言ではありません。

1年の終わりに社員が決算を楽しみにする会社にせよ

1年の終わりには会社の決算が出ます。みなさんの会社では、社員たちが決算の内容を楽しみにしているでしょうか。給与明細は楽しみにしていても、全社業績連動型報酬の仕組みがわかっている社員はあまりいないのではないでしょうか？

全社業績連動型報酬の仕組みがわかっている社員たちは、みな決算に対して敏感に反応します。もちろん業績が良いとわかっていれば、楽しみになるでしょう。決算の内容があまりよくなければ、「来年はもっと頑張ろう！（頑張らなければ、自分の給与が……）」という気になります。みな会社の業績を自分事として捉えることができるのです。

リーマンショックのとき、キーエンスでは給与が大幅に下がりました。基本給の部分は変わらなかったと思いますが、業績が下がった分、賞与が下がったため平均年収が下がってしまったのです。しかし彼らはこれを会社のせいにしていませんでした。入ったばかりの私は、がっかりはしたのですが、会社の制度そのままでしたので、社会情勢を憂いはしましたが、会社が悪いとは思いませんでした。会社はずっと、営業利益の一定割合を全社員に分配するという約束を守っていたからです。

逆に彼ら（そして私も）は「給与が下がったのは自分たちの責任でもある」と捉え、どうしたらこの状態から脱却できるかを真剣に考え、行動しました。そして数年のときを経て業績は回復し、社員たちの給与も向上していったのです。

このように、全社業績連動型報酬が採用されている会社では会社の業績が下がったときに、何か打開策はないかと、みんながすぐに考え行動します。何か想定外の出来事が起こって業績が下がったら、社員一人ひとりが「これは自分たちの責任だ」と思えるような仕組みになっているというのが重要なのです。

第1章で、経営者が社員に対して、「こういう仕組み、評価・報酬制度に則って、これだけ収益が上がったら、これくらいの割合で還元します」と約束すれば、会社が経営的にピンチに陥ったときにも社員は納得し、辞めずについてきてくれる、と言いました。

繰り返しになりますが、経営者と社員がともに手を取り合い「高利益化」と「高給与化」を目指して実現するためには、この「約束」と両者間のコンセンサスが必須条件なのです。当然その前に、会社の売上が伸び、利益が増大し、会社が成長することを「個々の社員が自分事として考えられる」仕組みや組織構造をつくらなければなりません。

「シーズ起点の組織」ではなく、「ニーズ起点の組織」をつくれ

ここまでに紹介した報酬戦略は、「会社の利益向上」と「社員の給与アップ」の同時実現に寄与していますが、実はメリットはそれだけではありません。

そのメリットとは、「会社がムダな人員を増やさない」「組織にムダがなくなる」ということです。全社業績連動型報酬という制度の中で、もし利益額があまり変わらない状態で人員（母数）を増やせば、個々に分配される報酬額が減ってしまいます。経営者以下全員がそれをわかっているので、よほどの理由がなければ社員数を増やそうと思わないからです。

ちなみに全社業績連動型報酬についての仕組みがわかっている組織体では、営業の採用人数の決定にもこだわります。単に人事部が決めるというわけではなく、市場のニーズを鑑み、その営業の人数を入れたほうが、今後の付加価値生産性が高まると予想される人数と人を採用しようとするのです。「マーケットのニーズに合わせて組織をつくっていく」というのが、重要

ニーズ起点の組織をつくる：価値主義経営®

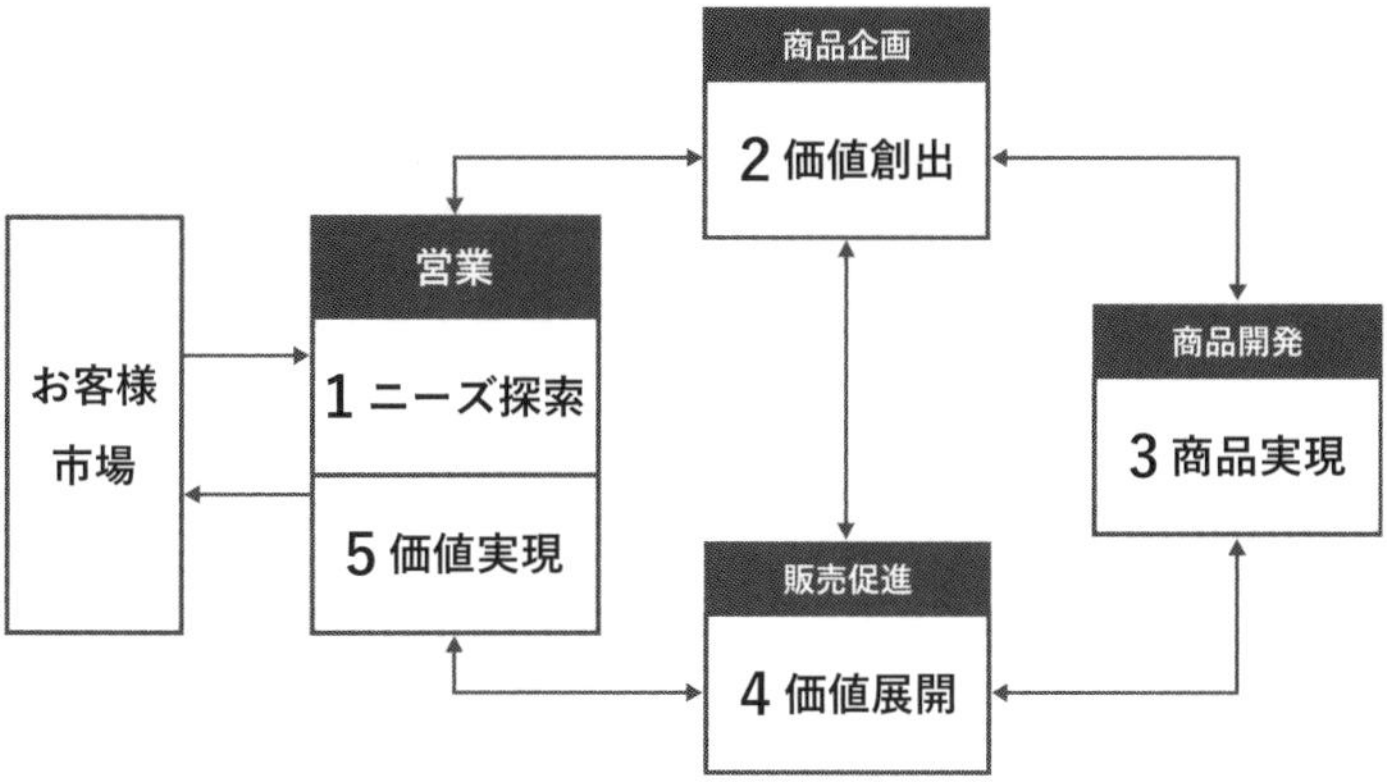

になってくるのです。

最小の資本と人で、最大の付加価値を創出していくためには、常にお客様・市場のニーズを起点として考え、そのニーズを叶えて最大限の付加価値を提供することを目指していくことが効果的です。お客様・市場のニーズを起点として考えた組織づくりをすることによって、ムダな組織が一つもない状態になるからです。

このような組織では、ニーズ起点で新商品がつくられ、ニーズ起点で組織がつくられます。そのため、市場のニーズに合わせて人を増やしていくのです。

みなさんの会社組織をニーズ起点で考えてみてください。もしかするとムダな部署、ムダなチームがありませんか？「最小の資本と人で、最大の付加価値を上げる」ことを最重要視するなら、これからの組織は「シーズ起点の組織」ではなく、「ニーズ起点の組織」であるべきです。

経営者が「今後自社をどのような組織にすればいいのだろうか？」「もっと売上を上げるため、組織体制をさらに強化するにはどうしたらいいのか？」と、組織のほうばかりを見るようになると、その会社はだいたい経営不振に陥ります。

ずっと組織ばかりを見ていると、お客様・市場が見えなくなります。お客様が見えなくなると利益が出なくなり、その結果、社員に報酬を払う原資もなくなってしまいます。

ちなみに私がこれまで見てきた中で、社長が現場に入ってしまうケースは、まだましです。ダメな組織は社長がお客様のほうに目を向けなくなり、組織のことしか見なくなってしまうパターンです。そういう社長は、営業については現場や担当マネジャーに任せっぱなしの状態でお客様のことを見ていないのに、組織のことについては口うるさく、いろいろなことを言います。そういう状態になると、お客様に対する付加価値は生まれず、会社の利益も下がり、最悪の場合、社員の給与も下がってしまいます。

経営者は、常に「市場・顧客」を見なければなりません。「市場・顧客」を見続けていれば、自然に最大限の顧客貢献ができる組織とは何か？　を考えるようになり、最大限の付加価値を出せるムダのない組織が形づくられていくはずです。

「最小の資本と人で、最大の付加価値を上げる」ためには、すべての人が付加価値を生み出せるように役割分担し、それぞれの組織が、お客様のニーズを叶える＝付加価値を生み出す組織構造に変革していくことが求められます。

そうした視点で組織内を見渡してみるとときには、「この人は付加価値を生んでいないな」「この部署は付加価値をつくっていないな」ということにも気づくかもしれません。そういった際には部署の配置換えや、組織体の変革自体も必要なこともあるのです。

「社員の価値を最大化する」ために、ドラスティックな報酬戦略を展開する際には、組織改革が必要ですが、多少の痛みを伴うことはあるかもしれません。それは、これまで付加価値をつくるという意識で動いていなかった人たちの中で、急な変化にはついていけないという人がいるという可能性です。しかし、その決断するにしても、事前にどのようなメリットと痛みが発生するかを知っていれば、痛みを最小限に、メリットを最大限に得ることができます。

とはいえ結局、すべては経営者の意思決定にかかっていることを忘れてはならないのです。

第 5 章

すべての人が「会社の価値向上」にかかわる組織へ

INCREASE ADDED-VALUE
FOR MORE
PRODUCTIVITY
AND
PROFITABILITY

会社の価値とは「市場への貢献価値＝市場に対する問題解決量」である

第3章では、個々の社員が「最小の時間で最大の付加価値を生み出す働き方」について、第4章では経営者視点で「社員の価値最大化と報酬戦略」について解説してきました。

本章では少し視点を変えて、「組織（社内組織）」という切り口で、会社の利益と社員の給与を同時に向上させるための取り組みについて考えてみます。

最初に理解しておいてほしいのは、社員一人ひとりと「組織」との関係性です。その点について、ここまで読み進めてきたみなさんは、すでに次の重要なポイントについて理解できているはずです。それは、「会社の高収益化と社員の高給与化を同時に実現するためには、経営者も社員も含め、すべての人が『会社の価値向上』にかかわる組織をつくることを目標に、最大限の働きかけをしなければならない」ということです。

本章では、この「すべての人が『会社の価値向上』にかかわる組織」をつくる、という点にフォーカスし、そのためにはどうしたらいいのかをメインテーマに話を進めていきます。

さて本題に入る前に、もう一度「会社の価値」とは何か？　について明確にしておきましょう。

「会社の価値」とは何でしょうか？

この問いに対する答えは人によってさまざまだと思いますが、私が考える会社の価値とは、「市場への貢献価値」であり、市場への貢献価値とは、「市場に対する問題解決量の現在価値と未来価値を合わせたもの」です。

もう少し詳しく説明しましょう。

企業の価値を評価する指標の一つに「時価総額」があります。これは上場企業の株価×発行済み株式数で計算される「市場から見た会社の価値」です。しかし、これはあくまでも数字上の企業価値であり、私が考える会社の本質的な価値＝「市場への貢献価値」ではありません。

会社によっては、このような「数字上の価値」と「市場への貢献価値（本質的な価値）」の2つが大きく乖離している場合があります。どちらも大切ですが、今後本当に重要視すべきは、やはり後者の価値だと思います。

そして、「市場への貢献価値」も、今、実際に市場の問題を解決しているという「現在価値」

と、今後も問題解決し続けるという「未来価値」の2つがあり、その2つを合わせたものが、最も重要な「会社の価値」であると私は捉えています。

会社は、市場すなわち顧客の問題解決（=ソリューション）のために存在しています。そしてその会社を支えているのが社内のさまざまな組織です。まず市場があり、その市場の問題解決をする会社があり、その会社を支える社内組織があり、その中に個人がいるのです。「市場への貢献価値（市場に対する問題解決量）」が増えて会社全体の価値が高まっていけば、その中にある組織の価値も高まり、個人の価値も高まり、結果として給与も高まります。

この考え方のもと、キーエンスではすべての組織、すべての個人が「市場への貢献価値（市場に対する問題解決量）」を高めようと、日々頑張っていたと思います。もちろん、市場に対する問題解決量も、最終的には数字で可視化されなければなりません。それが市場への「貢献額」、つまり「利益額」です。

「会社の価値」=「市場への貢献価値（市場に対する問題解決量）」である、という視点で社内を見直してみると、「この仕事は必要ないのでは?」というムダな仕事があることに気づくでしょう。また「この組織・人は要らないのではないか?」という部署や人が出てくるかもしれません。

反対に、どんな部署にいてもそれぞれの立場で、「市場に対する問題解決量を増やすことが、会社の価値向上につながるのだ」と全員が意識していると、その会社の価値はどんどん向上していきます。社員一人ひとりがそのことを意識しなくてはいけませんが、まずは経営者がしっかりとその点を理解し、その意義や大切さを社員たちへ教えるべきです。

このあと、社員一人ひとりがどのような意識を持って、どのような方向性で働けば、会社の価値向上につながるのかについて解説していきますが、大切なのは本書で学んだことを社内で共有し、議論することです。

社内でさまざまな視点から議論して、全員が会社の価値向上のために真剣に取り組めば、社内組織は本来あるべき理想的な姿となり、結果的に社員全員の給与アップへとつながるでしょう。

モノを売る「セールス」から、会社の価値を高める「コンサルティングセールス」へ

ここからは、すべての人が「会社の価値向上」にかかわる組織をつくるために、みなさん一人ひとりが、どう考え、何をなすべきかについて解説していきます。

本書の読者には経営に携わっている人が多いかもしれませんが、社員としてさまざまな分野で働いている人もいるでしょう。そこで、会社の価値向上に対してどう取り組むべきかを、次のような仕事（部門・部署・チーム）別に見ていくことにします。

・営業（セールス）
・販売促進（マーケティング）
・商品企画
・商品開発

・生産技術
・事務部門（バックオフィス）

もしあなたが経営者なら、あなたの会社の各セクションをどう改善すれば、会社の価値向上につながるのかを考え、実践のヒントにしてみてください。

本書で解説するのは、各仕事の「役割」「目標」「行動」です。会社の価値向上のために、それぞれどんな役割を担うべきか、何を目標（目標数値）として設定すべきか、どんなアクションをとるべきかを順番に解説していきます。

まずは「営業（セールス）」の仕事から見ていきましょう。

この本を読んでいる人の多くは、営業部の所属（営業職）ではないとしても、何らかの形で自社商品・サービスを売る仕事、つまり「セールス」という仕事にかかわっているのではないでしょうか。

ではここで、そんなみなさんに質問です。営業（セールス）とは何をする仕事でしょうか？

そう聞かれたら、おそらくほとんどの人が「営業（セールス）とは、モノを売る仕事です」と答えると思います。

確かに営業はモノを売る仕事です。しかし、「会社の価値向上」のための営業の役割とは何か？　という観点で考えると、営業は単にモノを売る（セールスする）仕事ではありません。会社の価値を高めるためには、営業＝「セールス」という捉え方から、営業＝「コンサルティングセールス」という捉え方に変えていかなくてはなりません。

コンサルティングセールスとは、一般的には「専門的な商品知識を持った人が、商品の選び方や使い方などについてお客様の相談に応えながら、顧客視点に立った商品情報を伝えることで契約を獲得する販売手法」を指します。

キーエンスで学んだコンサルティングセールスは、もう一歩踏み込んで「お客様を成功に導こうとするひたむきな姿勢を基本とし、お客様に最適な意思決定をしてもらうためのサポートをすること」と位置づけられています。コンサルティングセールスにおける営業活動は「お客様のニーズを叶えること」が目的であり、単に商品を売ることではありません。こうした考えに基づくコンサルティングセールスによって、営業担当者全員が会社の価値向上に貢献することが可能になるのです。

反対に会社の価値向上、お客様の問題解決に対して貢献度の低い営業とはどのような営業でしょうか？

それは、いわゆる「御用聞き営業」です。お客様の要望を聞き、聞いたことを伝書鳩のようにそのまま会社へ持ち帰ってきて、「クライアントがこう言っているので、こういう感じでやってもらえませんか？」と言っているような営業です。そんな営業なら、わざわざお客様のところへ行かなくても、電話かメールのやりとりだけで十分です。

ただし、御用聞き営業にまったく価値がないというわけではありません。こちらがお客様の真のニーズを探索して教えてあげるまでもなく、お客様が自分たちの真のニーズをよくわかっている場合など、相手のレベルがこちらを上回る場合は御用聞きにならざるを得ないこともあるからです。

たとえば、トヨタやイオンのようにマーケティングレベルが非常に高い会社や、お客様側が持っているデータ量のほうが、こちらが持っているデータ量より多い場合などは、ひたすら相手の要望を聞くしかありません。そうしたクライアントに対して自分たちの提案や要望を突き付けたとしても、「そんなことはすでにわかっている」と言われて、反感を買うだけでしょう。

したがって、御用聞き営業に徹するべき相手なのか、こちらのソリューションを提案・提供できる相手なのかをよく見極める必要があるのですが、多くの会社では、どのような相手に対してても御用聞き営業になってしまっています。

どんな業種業態の会社であれ、本来のコンサルティングセールスの目的は、「お客様の問題

解決をする」ことであり、もっといえば「お客様の最適な意思決定を助ける」ことです。

その結果、お客様にとってそれが最適な意思決定だとしたら、最終的に「買わない」という選択肢もあり得ます。もちろん最終的に「買ってもらう」ことを目指すべきですが、コンサルティングセールスの本質としては、それが正しい考え方なのです。

「買わない」という意思決定をされたら、ステップを踏んで改善に挑め

では、お客様の最適な意思決定が「買わない」となった場合、どうすべきでしょうか。その場合は、まず営業活動面に問題がないかを洗い出し、改善に努める必要があります。まず、次のような視点で営業活動を見直してみましょう。

・本当に私たちの商品・サービスの価値が伝わるように、お客様にアプローチしていたか？
・お客様に「買う」という意思決定をしていただくための情報量は十分だったか？
・お客様との信頼関係がきちんと築けていたか？
・お客様のニーズを、本当に深いところまで聞くことができていたか？

営業活動、営業のプロセス見直しの際には、「行動量管理、結果管理、プロセス管理、セールスプロセス改善、面談プロセス改善、ロールプレイング、ニーズの分解能、商品理解の分解能、営業同士の連携、商品企画やマーケティング関連部署との連携」といった項目を基本に改善していくとよいでしょう。

各項目の内容を簡単に説明しておきましょう。

これらの項目すべてをしっかりと仕組み化し、チェックできる体制をつくり上げていくことで、どこかに問題が見つかれば、速やかに改善がはかれるのです。そして、これらのどこかに問題が見つかれば、速やかに改善をしていくことが求められます。

こうした営業活動面での改善を徹底してもセールスがうまくいかない場合は、ブランディングやマーケティングの部分に問題がないかをチェックし、そこに問題が見つかれば改善してい

事例：営業活動の項目と改善

・行動量管理：訪問件数や提案書提出件数など、営業の行動量の管理

・結果管理：受注、納品、売上などの数字管理

・プロセス管理：商品ＰＲ、案件情報どり、見積確認、クロージング、定期訪問、等というプロセスごとの活動状況の管理

・セールスプロセス改善：営業リスト集め→リード（見込顧客）を集めて維持する→アプローチの準備→デモの準備→提案の準備→稟議対策→受注、という基本プロセスの改善

・面談プロセス改善：毎回のお客様との面談の方法を、どのような順序で進めていくのかというプロセスの改善

・ロールプレイング：お客様に買ってもらうことを目的としたロールプレイングを繰り返し、営業スキルに磨きをかける

・ニーズの分解能：「アプリケーション（装置や製品の使用用途や具体的な利用シーン）」レベルで、お客様のニーズを探っていく能力を磨く

・商品理解の分解能：その商品の「アプリケーションへの利点」を重視し、そこを中心にお客様に訴求していく能力を磨く

・営業同士の連携：「成功事例」を共有し、お互いにお客様や案件を紹介し合う体制の強化

・他部署との連携：商品企画部やマーケティング部との情報共有・連携の強化

くことが求められます。

これは私の経験からも言えることですが、同じ商品・サービスを同じように売っていても、会社や経営者自身のブランド力、信用度が上がってくると、お客様が自然に財布の紐をゆるめてくれるようになります。「これだけ有名な経営者なのだから」「これだけの大手企業をクライアントに持つ会社なら」という理由で、それまでなかなか買ってもらえなかった高額商品でも買ってくれるようになるのです。

営業面、ブランディングやマーケティング面を改善しても、まだ「お客様が買ってくれない」という問題を解決できない場合は、商品企画や商品開発へ要望を投げてみましょう。「こういう理由で、お客様が買ってくれない」「この商品のこの部分の問題を解決できれば、お客様は買うと言っている」と伝え、商品面の改善を行うのです。

ちまたではキーエンスのニーズカードが有名ですが、この流れを具現化した仕組みがニーズカードになるのです。御用聞き営業状態でニーズカードの仕組みを構築しようとしても上手くいきません。コンサルティングセールスができる営業部隊が発信するニーズカードに価値が生まれるきっかけが出てくるのです。

会社の価値向上、お客様の問題解決のために、営業担当者は「私たちは御用聞きではなく、コンサルティングセールスである」という意識を持ち、営業活動において問題があれば、ここで紹介したようなステップを踏んで改善策に取り組むべきです。

しかし、多くの会社の営業は商品やサービスを売ることしか考えていません。「もっと売るためにはどうしたらいいのか？」という発想しかないので、結局、お客様の問題解決のために進化するということが起きにくい状態が続くのです。

ChatGPTに聞いてわかった「トップセールスと売れない営業の差」

次に、会社の価値向上とお客様の問題解決のために、営業担当者はどのような数値目標を持ってどう行動すべきか、について考えてみましょう。

キーエンスに限らずどこの会社でもそうだと思いますが、セールスという分野におけるKG

I（経営目標達成指標）は、基本的に「売上」または「利益」になると思います。このとき気をつけなければいけないのは、目標数値を設定するときに「売上」ではなく「利益」のほうを重視することです。なぜなら「利益＝付加価値＝市場への貢献額」だからです。

大切なのは「売上」ではなく「利益」です。ところが多くの会社では売上至上主義になっており、粗利益があまり出ていないのに売上だけを増やそうとしてしまいます。そうした会社では、よく安易な値引きをしてしまい、利益を下げてしまうのです。そうならないよう、まずは最大の営業利益、最大の粗利益が出るような目標を設定することが重要です。

では、目標に対する営業の適切なアクションとは、どのようなものでしょうか。

ここで、営業がうまくいっている人と、うまくいっていない人の動きを比較してみると、営業としてどのような行動が適切なのかが見えてきます。

結論から言うと、うまくいっている営業は、電話、メール、面談など、「お客様との接触回数（時間）が多い」営業です。どれくらい差があるかを具体的に示すには、ＣｈａｔＧＰＴを使ってみるといいでしょう。

ＣｈａｔＧＰＴに「トップセールスの一日の行動と、売れない営業の一日の行動を時間単位で分析したい。まずは、それぞれの一日の行動を洗い出してみて」というプロンプトを入力す

ChatGPTに聞いてみた

You

トップセールスの1日の行動と売れない営業の1日の行動を時間単位で分析したい。まずは、それぞれ、1日の行動を洗い出してみて。

ChatGPT

理解しました。トップセールスと売れない営業の1日の行動を時間単位で分析するには、まずそれぞれの典型的な行動を洗い出すことが重要です。以下に、一般的なケースを基にした両者の行動パターンを示します。

トップセールスの1日の行動パターン

1. **朝（7:00-9:00）**
   - 早起きして、健康的な朝食を摂る。
   - メールやSNSをチェックし、クライアントや上司からの重要な連絡に対応。
   - 日の計画を立て、重要なタスクやアポイントメントを確認。
2. **午前中（9:00-12:00）**
   - オフィスに到着後、重要なクライアントへのフォローアップや新規のリードに連絡。
   - 進行中のプロジェクトのステータスチェックやチームミーティング。
   - プレゼンテーションの準備や資料作成。
3. **昼食（12:00-13:00）**
   - 昼食は軽く済ませることが多いが、時にはクライアントとのランチミーティング。
4. **午後（13:00-17:00）**
   - クライアント訪問や外出アポイントメント。
   - 新規顧客の開拓や既存顧客とのリレーションシップ構築。
   - データ分析や市場調査を行い、戦略を調整。
5. **夕方以降（17:00-20:00）**
   - 事務作業、レポート作成。
   - 次の日の準備や自己研鑽（オンラインコース、業界情報の読み込みなど）。
   - ネットワーキングイベントや業界関連のセミナーへの参加。
6. **夜（20:00以降）**
   - 自宅にて家族と過ごす時間。
   - リラックスした後、早めの就寝。

売れない営業の1日の行動パターン

1. **朝（7:00-9:00）**
   - 出勤直前までのんびりと過ごす。
   - 朝食は食べずに出勤することも。
   - 朝の準備が不十分で、日の計画が曖昧。
2. **午前中（9:00-12:00）**
   - オフィス到着後、何から手をつけていいか迷う。
   - メールやSNSのチェックに時間を費やす。
   - 重要でないタスクに時間を使いがち。
3. **昼食（12:00-13:00）**
   - 長めの昼休みを取ることが多い。
   - 同僚との雑談に時間を費やす。
4. **午後（13:00-17:00）**
   - 不定期なアポイントメントや顧客訪問。
   - 効果的でない方法での顧客開拓。
   - レポート作成や事務作業に過剰に時間を割く。
5. **夕方以降（17:00-20:00）**
   - 仕事の後はすぐに退社。
   - 自己研鑽や業界情報のキャッチアップをせず。
   - プライベートな活動に多くの時間を費やす。
6. **夜（20:00以降）**
   - プライベートな時間を楽しむ。
   - 仕事に関する準備や計画はほとんど行わない。

ると、次ページの図のような応答が生成されます。

トップセールスと、売れない営業の一日の行動を見比べてみると、トップセールスは一日の多くの時間を顧客への電話やメールによるアプローチ、顧客ミーティングなどに使っていることがわかります。

一方、売れない営業は社内のタスクや会議に時間を割いていて、肝心の顧客との接触、コミュニケーションがほとんど行われていません。会社の価値向上、お客様への価値提供につながることを、ほぼ何もしていないのです。

このように、お客様との接触回数（時間）の差が、価値創出量の差に直結します。

「お客様と会う前に、できるだけ時間をかけてしっかりと準備をしなければ」と言う営業がいますが、準備だけでは大きな価値にはなりません。特に成果が出ていない営業の準備は、的確なニーズに対応するための準備になっていなかったり、時間だけが無駄に使われているのをよく目にします。

お客様と接触してニーズを引き出して、お客様の問題を解決することが、営業がつくり出すべき大きな価値です。

また、毎日のように営業先リストの整理をしている営業がいますが、それは毎日やるようなことではありません。1ヵ月に1回程度、短くても週に1回目標設定とあわせてリストを整理し、ひと月の間に訪問するアプローチ先とその量を決めておけば十分です。そうすれば、毎朝そのリストをパッと見て「よし、今日はこのお客様のところへ行くぞ！　アプローチするぞ！」と、即行動に移れるのです。

トップセールスは、準備にあまり時間を費やしませんが、売れない営業は、準備に多くの時間を費やしています。しかも、準備の仕方も下手な場合が多いので、必要な準備が十分にできておらず、お客様と会っても成果が出ません。

正確には下手というより、やるべきことがわかっていないのです。そういう人は、自分の会社の商品が、誰のどのような問題を解決して、どんな価値を持つのかがわかっていません。最適なターゲティングができていないため、営業先リストを見ても、どこにどうやってアプローチすればいいのかがわからないのです。

トップセールスは違います。もちろんトップセールスも準備はします。しかしその準備は秀逸で、「この会社にはどんな部署があり、どのような組織構造になっているか」「彼らは各部署でどのような働き方をしているか」、さらには「社内で複合機（コピー機）を何台使っているか」といった細かいことまでわかっているので、どこにどのようなアプローチをすればいいのかがすぐ判断できます。

ここまでの話で、会社の価値向上とお客様の問題解決のために、営業（セールス）はどのような役割を担い、どんな目標を持ってどう行動すべきかが理解できたと思います。

営業担当者が、お客様のニーズを引き出して、お客様の問題を解決するためにするべきことは、まだまだ山ほどあります。紙面の都合で今回はここまでにとどめておきますが、ここでは、「いかにお客様と効果的な接触を大量にするか」が、営業（セールス）にとって最重要課題であることを覚えておいてください。

マーケットイン型の組織体「キーエンス」に学ぶマーケット起点の組織構造

次にスポットを当てるのは「販売促進（マーケティング）」です。

もう一度、第4章で紹介した「価値主義経営®事業構造」の図を見てください。私がキーエンスから学んだ、マーケットイン型組織の基本的な組織構造図です。この図では、次のような組織構造と役割を基本とします。

①ニーズ探索（営業＝コンサルティングセールス）
②価値創出（商品企画）
③商品実現（商品開発）
④価値展開（販売促進＝マーケティング）
⑤価値実現（営業＝コンサルティングセールス）

価値主義経営® 事業構造

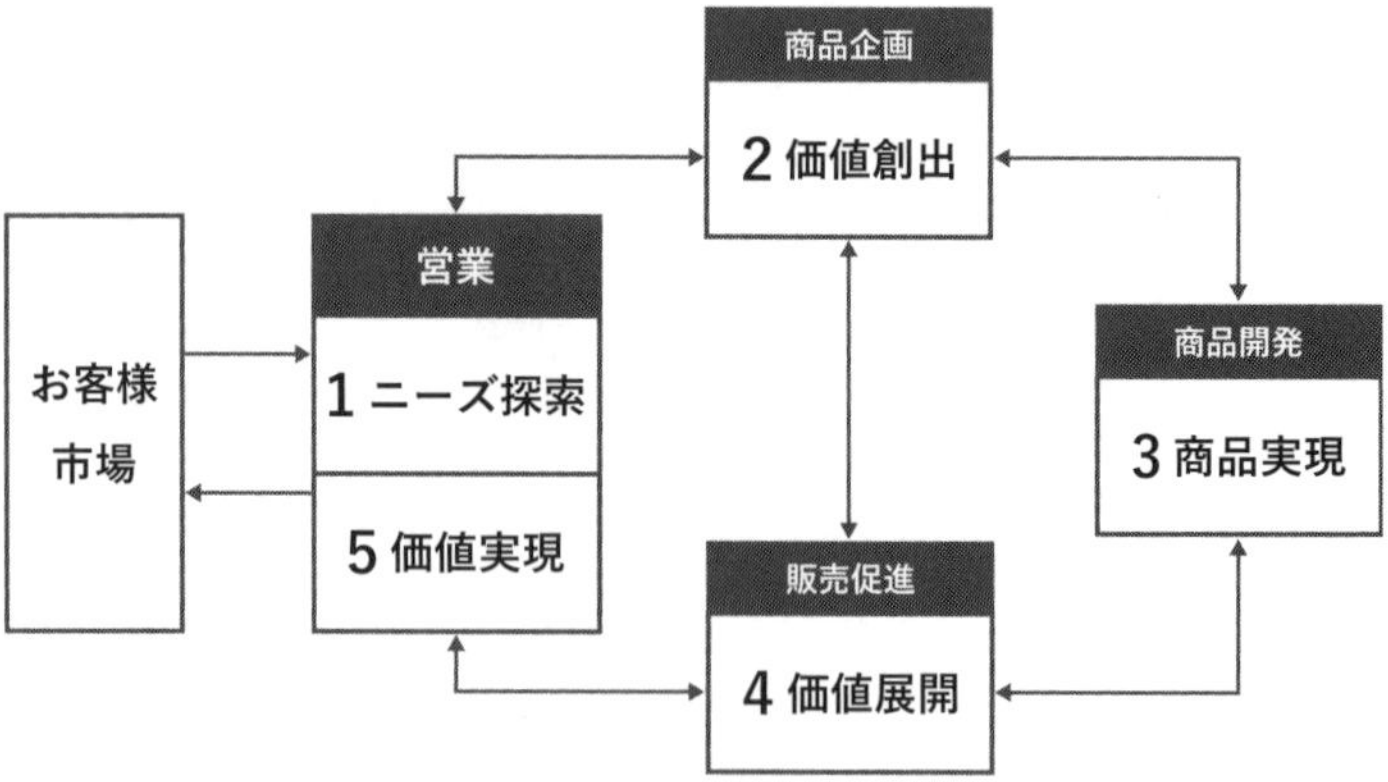

まず、営業（コンサルティングセールス）が、お客様・市場のニーズを探ります（①ニーズ探索）。お客様のニーズを把握したら、次に商品企画部がそのニーズを叶える「価値」とは何か？　お客様の問題を解決して喜んでもらうにはどうすればいいか？　を考えて商品を企画します（②価値創出）。

次に商品開発部がその価値を実際に形（商品）にし（③商品実現）、販売促進（マーケティング）部が、その商品をどうやって売っていくのか、どうすればお客様にその商品の価値を伝えられるのかを考え、さまざまな施策を展開します（④価値展開）。

そして最後に、再び営業（コンサルティングセールス）が商品をお客様・市場に届け、使ってもらい、満足してもらう（⑤価値実現）という流れです。

この構造図には、4つの部門しか描かれていませんが経理・人事・総務など管理部門で働く人たちも、①から⑤のどこかで付加価値創出と、お客様への付加価値提供に貢献しています。

まず顧客・市場のニーズを探索し、最終的に顧客・市場が求める価値を実現する。この部分が、営業（コンサルティングセールス）が価値を生み出しているポイントです。会社と顧客との接点はこの部分しかありませんが、営業がしっかりとお客様のニーズを探索すれば、それが確実に会社全体に伝わり、商品という価値となり、最後にお客様の価値実現につながるという組織構造になっているのです。

この組織では、マーケットを起点としてセールスが行われ、マーケットを起点として商品企画がなされ、マーケットを起点として商品開発が行われ、マーケットを起点として販売促進（マーケティング）がされています。常に「マーケット」が起点となっているのです。キーエンスを私が「マーケットイン型の組織体」だと言う理由はこの点にあります。

お客様に付加価値を提供し、自社の価値も向上させていくためには、このように営業（コンサルティングセールス）、商品企画、商品開発、販売促進（マーケティング）のすべてがマーケットに貢献しているということが、非常に重要な考え方なのです。

営業がわかっているマーケターでないと「新規引き合い量の確保」はできない

マーケットイン型の組織構造全体と、販売促進（マーケティング）の位置づけについて理解できたところで、本題に移ります。

ここで改めてみなさんに問いたいのは、「販売促進（マーケティング）」の役割は何か？　です。販売促進というと、一般的にはセールスプロモーション、つまり新商品のＰＲや、ＰＯＰやチラシなど販促ツールの企画・制作をする部署というイメージだと思います。しかし、ここで紹介する販売促進部は違います。マーケットイン型の販売促進は、「マーケティングの機能を持った部署」＝価値展開を行うセクションなのです。

一般的な会社では、営業（セールス）とマーケティングはそれぞれ別の機能を持った部署だと考えられがちですが、マーケティングとセールスの関係は本来「マーケティングという領域の中に、営業の機能を持った部署がある」つまり、「マーケティングの重要な戦略として営業が存在する」があるべき姿だと私は考えています。

その考え方の延長線上には、営業だけでなく、商品企画もマーケティングの一部だという考え方が出てきます。営業だけでなく、商品企画もマーケティングの一部です。そう、新しい高付加価値を持った商品を考えることほど強いマーケティングはありません。キーエンスを見ていると、営業（コンサルティングセールス）も、商品企画も、販売促進もすべて含めて、大きな意味でのマーケティングととらえられるのです。

多くの会社では営業も商品の企画も開発も販売促進も、すべて別々に切り分けて考えられていますが、本来はすべて包括的な関係性にあり、バラバラに分かれているものではありません。

キーエンスでは、すべての部署が連携して付加価値創出に貢献していましたが、各部署の機能を最適化させ、生み出す価値を最大化させるための統括的な役割を果たしているのが販売促進部のように見えました。その意味でキーエンスの販売促進部は「マーケティング最適化チーム」と表現すべきかもしれません。

みなさんの会社では、販売促進＝セールスプロモーション部隊だと考えていないでしょうか。そうだとしたら、事業構造の中にマーケティングの最適化をする部署、価値展開をする部署を確立することをお勧めします。

では、販売促進（マーケティング）担当部署で働く人たちは、会社の価値向上のために、具体的にどのような点に軸を置いて働くべきでしょうか？

まず大前提として、マーケティングという活動の強みに目を向けることが重要です。営業の場合は、お客様との1対1の関係が重要となります。一方、販売促進（マーケティング）は、「1対n（多数）」という考え方が基本となります。マーケティングは営業と違い、1対nで価値提供を展開できることが強みなのです。

そんな販売促進（マーケティング）にとって重要なミッションは何でしょうか？

それは「新規引き合い量の確保」です。そして、「新規引き合い量の確保」を最大化するには重要なポイントがあります。それは「営業のことがわかっている」ということです。

「マーケティング担当者は営業もできるべきか？」という議論がありますが、私はマーケティング担当者も営業ができるべきだと考えます。別にトップセールスにならなくてもいいのです。

しかし、セールスのことがよくわかっていて、お客様が自社商品・サービスを買ってくれる瞬間や、お客様がどのようなニーズに基づいて買うのか、ということを誰よりも熟知していないと、マーケティングの最適化はできません。

たとえば、リード（見込顧客）からの問い合わせを狙うとき、マーケティング担当者（マーケター）は、そのお客様にどのような潜在ニーズがあるのかを探り、その潜在ニーズに対して自社の商品価値をどう当て込んで、その結果、お客様がどのような購買行動を起こすのか、というところまでを想定しなければなりません。そして、今実際に「どれだけの新規引き合い量の確保ができているのか」「そしてそこからどれくらいの受注を得られるのか」を緻密かつ冷静に判断することが重要です。

しかし多くの会社のマーケターといわれる人たちはそこまで深く考えていません。「この人たちは自社商品に少し興味がありそうだな」と思われる人たちに対して、多くの予算を使って撒き餌的にPR施策を展開して、本当に買ってくれるかどうかわからない大量の見込顧客を集めているだけです。

多額の費用をかけてタクシー広告を大量に出しているような会社の場合、多くの問い合わせがあっても、本当に購買につながる有効な問い合わせは10件のうち1件ほどしかないのではないでしょうか（下手するともっと少ないかもしれません）。

そのような状態のとき、マーケターが営業としても売れる人であれば、「これは、リードの取り方（マーケティングの方法）が間違っているな」と気づけるでしょう。しかし、営業のことがわからない人だと「うちの営業力が弱いせいです」などと言ってしまいます。間違っているのは、自分自身の適当なリードの取り方だと気づけないのです。

マーケティングの使命は、最終的に「営業（セールス）を不要にすること」である

マーケティング最適化において、目指すべきゴールは、「確実に買ってくれる人」をきちんと呼び寄せて、最終的に「営業（セールス）を不要にすること」です。

もちろん、営業をなくすことは現実的には不可能ですが、「マーケティングの最終目的は営業をなくすこと」だと思いながら取り組むと、セールス活動が非常にラクになります。

できる限り営業が簡単に売れるような状態にするには、どうしたらいいのかと考えていくと、お客様に対する最適なデモツール（トライアル用のテスト機など）やデモの方法が見えてきます。

最適なデモツール・デモ方法とは、お客様がそれを見たとき「へえ、これはすごいですね！」とその場で買ってくれたり、そこまでいかなくても「こんな優れた機能を持った商品なら、ちょっとトライアルで使ってみたいです」と言ってくれるようなデモツールやデモ方法です。

こういったデモツールの活用は、全営業の動きを把握できる販売促進や営業のＴＯＰなどが主導していくことが重要です。販売促進部がリードに対してデモツール（デモ機）を提供することが重要視されています。なぜそこまでデモツールを重要視したほうが良いのでしょうか。お客様は、言葉には出しませんが、実は、「商品の機能や特長だけでなく、その商品が持つ利点を説明してほしい」「できれば実際に商品を見せて、体験させてほしい」と思っているからです。

営業がお客様と会うときは、「言う」「見せる」「体験させる」の３つが重要なのです。まずは言葉で説明して、「お客様はこの新商品の価値を十分に理解してくれていないな」と感じたら、実際にアプリケーション図（用途や使用場所などの詳細が絵で描かれた商品の説明図）やデモツールをつくって、「見せる」「体験させる」ということが重要なのです。

このように、販売促進（マーケティング）は、営業が自社商品・サービスをラクに売れるようにすること、最終的に営業を不要にしていくことを目指すべきです。

販売促進（マーケティング）の人間がそこまでお膳立てしても売れない場合は、営業のやり方に問題がないかを検証する必要があります。そして前述したように営業活動、営業のプロセス見直し・改善のために、営業担当者への指導・教育をしなければなりません。

もう一つ、マーケティングの最適化として販売促進（マーケティング）が行うべきことがあります。それは「シェアアップ」です。

シェアアップとは、一般的には「競合他社のシェアを奪取する」「競合を打破する」という意味ですが、大切なのは「競合の商品・サービスよりも高い価値を出すことによって、お客様に自社を選んでいただく（競合から自社に置き換えてもらう）」ことです。自社の商品・サービスのほうが、競合のサービスよりも付加価値が高いことをお客様に対して証明・訴求することで、シェアアップが可能となるのです。

そのために、販売促進（マーケティング）は、「お客様が他社のどのような商品を使っているのか」「どこに対してどのような広告を打つのが有効か」などを調査分析しなければなりません。

さらに、先ほど述べたようにリードやお客様に対して最適なデモツールを作ることも重要です。

それらを繰り返していくと、同じ商品で他社のシェアを奪うシェアアップが加速していきます。この場合、商品自体は他社と同じでも、それをいかに横展開できるかが販売促進（マーケティング）の腕の見せどころとなります。

では、販売促進（マーケティング）が会社の価値向上のために、目指すべき具体的な数値目標は何でしょうか？

数値目標として設定すべきは、「総利益」でしょう。ＫＰＩ（重要業績評価指標）としてはリード獲得数や商談提案数などもあるかもしれませんが、最終的に「利益の部分に対してどれだけ貢献できているか」という点が、販売促進（マーケティング）に求められる役割と責任です。逆に、単にリードを取っているだけの人や、ＰＲや展示会だけをやっている人は、本来のマーケティングの仕事をしていない人といえます。

会社によっては、販売促進よりも営業部のほうが主導権を握っている場合があります。それでもいいのですが、それなら営業部のトップがきちんとマーケティングをやるべきです。部署名が問題ではありません。社内の誰かが、ここで紹介したようなマーケティング活動に、しっかり取り組んでいればいいのです。

実際に経営者のみなさんにここで説明したようなことを話すと、みなさん口をそろえて「うちにもそんな販売促進部、マーケティングの部署が欲しいですよ」と言います。どこの会社でもそうした体制が構築されておらず、みなさんそうした機能や体制を必要としているのだなと感じます。販売促進（マーケティング）の部署で働く人は、ここで述べた内容を再認識し、的確な目標設定と行動をすることで、会社の価値向上に貢献できます。

最初に述べたことをもう一度思い出してください。販売促進（マーケティング）は、どうすればお客様に商品の価値を伝えられるのかを考え、販売促進活動を展開する部署、つまり「価値展開」をする部署です。

販売促進（マーケティング）の使命は、商品のPRや販促ツールの企画・制作をすることではありません。大切なのは価値展開をすること、価値展開を最適化・最大化すること、そして「最終的に営業（セールス）を不要にすること」だということを忘れないでください。

商品こそが「最強の営業（セールスパーソン）」であると考えよ

次にフォーカスするのは「商品企画」です。

商品企画は、会社の価値向上において非常に重要なセクションです。会社の価値を高めるという観点で考えると、「商品企画が会社全体の中で最も重要な、肝となる組織である」と言ってもいいかもしれません。そのため、商品企画についてお伝えしたいことは山ほどあり、商品企画で働く人が、どう考え何をすべきかについて詳しく解説しようとすると紙面が足りませんのでここでは重要なポイントのみを解説します。

では本題に入ります。

最初に明確にすべきは、やはり「商品企画」という仕事の役割は何か？　です。

もう一度、価値主義経営®事業構造の図を思い出してください。

まず、営業（コンサルティングセールス）がお客様・市場の「ニーズ探索」をしてお客様のニーズを把握します。次に、商品企画が「そのニーズを叶える『価値』とは何か？」「お客様の問題を解決し、喜んでもらうにはどうすればいいか？」を考えて商品を企画します。そう、商品企画が担う役割は「価値創出」です。

「価値創出」をもう少しわかりやすく説明すると、お客様の困りごとの本質（潜在ニーズ）を見つけて、それを解決するソリューションをつくり出すこと、と言ってもいいでしょう。

よく、商品開発と営業の部署しかない会社があります。そうした「商品をつくる」→「つくった商品を売る」という機能しかない会社に欠けているもの、それは、「価値とは何か」を考え、定義することです。その重要な役割を担うのが、ほかでもない「商品企画」なのです。

キーエンスでも、この商品企画が事業全体の肝となる部署として重要視されていたと思います。利益の源泉、価値の源泉は商品だからです。そして、商品こそが命であり、「商品こそが最強の営業（セールスパーソン）である」とされていたと思います。

営業担当者が電話やメール、面談などで見込顧客やお客様と接触できる時間は限られています。しかし、商品はいったんお客様のもとに納品されれば、お客様先でずっと役に立ち続けます。また、「お試し」として使える商品（デモツール）があれば、お客様は自分たちが得られる価値を実際に体験できます。放っておいても、お客様先で商品が勝手に商品の魅力や利点を、効果的かつ継続的にお客様に伝えてくれるのです。

今、私の会社で新しいラーニングシステムの提供を始めているのですが、導入いただいたお客様からよく電話がかかってきて、「これをほかの部署にも教えたら、ぜひ一度、田尻さんに会って話を聞きたいそうです」と言われます。商品自体が価値を伝えてくれているのです。

キーエンスのセンサーなども同じです。一度、特定の部署に納品すれば、お客様先の他部署で「そんなにいい商品があるの？」「じゃあ、うちにも欲しいな」と、社内で噂が広がっていくのです。商品の価値が高ければ、口コミで自然に評判が広がっていきます。そうした口コミ効果の有効性はＳＮＳだけでなく、会社内でも同じです。

このように、会社にとって商品が命であり、その商品を企画する商品企画という部署が担う責任は非常に重大です。

メガトレンドを見すえ、市場ニーズと会社側のシーズを結びつけた研究開発を

次にスポットを当てるのは「商品開発」です。

商品開発部門は、商品企画がつくった価値を実際に形（商品）にする「商品実現」という役割を担っていると言いました。ここでもう一度、「開発」とはどのような役割を担う仕事なのかについて、私の考えを述べておきます。

「開発」の役割には、「研究」と「開発」という2つの側面があります。いわゆる「研究開発＝リサーチ＆デベロップメント（R＆D）」です。

「研究」の部分については、会社や業種業態によって取り組み方が異なるでしょう。会社によっては10年後、20年後の未来を見すえて地道に基礎研究をしているところもありますし、そこにあまり重きをおいていない会社もあります。その研究が、もしかしたら将来、商業的に大きな成果につながるかもしれませんし、時間の経過とともにマーケットのニーズとずれてしまい、

ビジネス的成功につながらないかもしれません。場合によっては、研究過程に生まれた副産物が、「これを市場に出したら売れるに違いない！」というようなヒット商品が生まれる可能性もあります。

「研究」は、今すぐに価値を生み出す仕事ではないのです。したがって、付加価値創出という観点で「研究」について一括りにして言及するのは、少々難しいといえます。

一方で、「この研究によって、短期間で価値を生み出すことが課せられている」「研究結果をすぐに商品開発に落とし込まなければならない」という会社もあるでしょう。その場合は、マーケットのニーズと、会社側のシーズを結びつけるという発想、つまり商品企画に近い考え方で研究開発を進めるべきではないでしょうか。

私は最近イスラエルへ行ったとき、実際にそうした考え方で商品研究・開発を行っている現場を見てきました。

これは企業ではなく大学の話ですが、イスラエルには「テクニオン・イスラエル工科大学」というイスラエル一の国立大学があります。工科大学としては世界最高水準を誇るといわれる同大学には、超優秀な研究者や学生が集結し、日々さまざまな研究をしています。

彼らが取り組んでいるのは、基本的にマーケットニーズや軍事ニーズに合わせた研究です。

つまり、サイバーセキュリティや医療など、基本的に商用利用を見すえて、自分たちが研究したことは、最終的にすべて市場に流されるということを前提に研究をしていたのです。

もしあなたの会社も同じような発想で商品研究・開発を行っているなら、市場の大きなトレンド（メガトレンド）と市場ニーズを見すえながら、そこで起こると予測されるさまざまな問題を解決するために、自社シーズを踏まえて研究を進めるべきでしょう。

今のメガトレンドであれば、Z世代を中心とした新たなマーケットや、テクノロジー分野でいえば6G通信、VR、宇宙産業などです。もちろん、マテリアルやエネルギー分野も同じだと思いますが、市場に貢献するにはどのようなものをつくったらいいのか、という発想で研究開発を行うべきです。

そのようなテーマについて一定期間ごとに商品企画部と情報共有しながら話をし商品企画と市場・顧客のニーズの情報を共有すると同時に、「最近はこんな新しい技術が出てきていて、うちだったらこんなことができますよ」というシーズを研究職の人たちにしっかりと伝えるのです。

「商品開発」の肝は「実現性（技術力）」と「開発期間の短縮」

では、そんな商品開発部で働く人たちが会社の価値を高めるためには、何を目標とすべきでしょうか。ここでは、商品企画部が考えた新商品企画に対し、商品開発担当者としてどこに重きを置いて取り組むべきかを考えてみましょう。

冒頭でも述べたように、商品開発は商品企画がつくった価値を実際に形（商品）にしなければなりません。価値を商品として「実現」するのが、商品開発に課せられた役割なのです。

商品開発担当者がまず目指すべきは、この「実現性」を高めることです。「実現性」を高めるには、開発力すなわち「技術力」が必要です。この「実現性（技術力）」が高い会社は、商品企画が考えたお客様に対する価値、すなわちソリューションを確実に形にして、「市場への貢献価値」を最大化できます。

「よし、この企画は実現できそうだ」「高付加価値を持った商品を、確実に開発（商品化）できるぞ」という見通しが立ったら、次に注目すべき要素は「開発期間」です。

開発期間が長引けば、当然、市場に対して新商品をリリースする時期が遅れます。つまり、お客様に対する価値提供のタイミングが遅れるのです。価値提供のタイミングが遅れることは、当然お客様にとって不利益となり、同時に会社にとっても早いタイミングで売上を立てられず損失が生じます。

ビジネスは時間との戦いでもあります。新規事業、新商品が年間10億円売れるものだったとして、開発が1年遅れると、10億円の売上が損失することになります。したがって、商品開発にとって「開発期間の短縮」が、実現性の次に重要な目標となります。

ちなみに私の知人で、TOC理論（制約理論：全体最適のマネジメント理論）をベースに「開発期間の短縮」というテーマでコンサルティングをしている人がいます。「大手自動車メーカーで通常3年はかかる開発を、1・5年へ短縮するマネジメント方法」などを提唱しているのですが、やはり、できるだけ早く新商品・新サービスを市場に出せるというのは、会社の売上アップに貢献するだけでなく、競合に先行される可能性を減らすこともできるなど、大きなメリットがあるのです。

商品開発にとって、もちろん開発の正確性、商品のクオリティは重要ですが、さらに開発期間の短縮ができると、とても大きな価値になります。

これは、個人でも同じです。「これを達成するには、普通の人なら2年はかかりますが、私は1・5年で達成できます」「通常3年かかるところを、2年で終えることができます」と言える人だと、転職においても大きな武器になるでしょう。

また、開発力や技術力があることに加えて、開発の管理や組織マネジメントができると、日本のみならず海外企業からも引く手あまたの人材となります。

特にベンチャー企業などは、そうした人材が見つかれば大喜びするはずです。

資金調達して新規事業を展開するベンチャーは、新規事業のために何億円、何十億円という多額の資金を調達するので、早く売って売上を立てたいのですが、新商品・サービスのリリースまでにはある程度時間がかかります。仕事のできないプロジェクトマネジャーが「これは3年から5年はかかりますね……」と言っているときに、「私なら1・5年でできると思いますよ」と言われた瞬間に「ぜひうちに来てほしい！」と言ってくるでしょう。

ここで述べたように、商品開発が会社の価値向上のために重視すべきことは大きく2つ、「実現性（技術力）」を高めることと「開発期間」の短縮です。この2つを目標として商品開発に取り組めば、お客様への貢献価値が高まり、同時に会社の価値を高められます。

「生産管理」が目指すべきは「即納」と「ジャストインタイム納品」

商品開発が終わったら、商品づくりのプロセスは「生産」に移ります。

ここで注目すべき部署は「生産管理」です。生産管理とは、製造業などモノづくりの現場で、製品を効率よく量産する生産体制を築いて、生産効率の改善や品質向上を目指す仕事です。

キーエンスの生産管理チームが優れている点はいくつかありますが、最も優れているのは、お客様から商品や機器の注文があればすぐに納品できる、つまり「即納体制」が確立されているという点です。どんな高額商品であっても、もちろんこれらは、お客様が前日に頼んだものが翌日に、場合によっては朝頼んだものが夕方には届くのです。「いつでもすぐに納品できます」という約束は、お客様にとって非常に大きな価値のある約束です。

たとえば、商品が即納されることによって、お客様であるA社は、開発中の製品にその商品をすぐに組み込むことができます。その結果、A社は彼らのお客様への納期を短縮でき、A社のお客様に対して納期の早さを約束できることで、そのお客様に提供する付加価値をアップできます。

先ほど開発期間の短縮が大きな価値になると述べましたが、同様に納期を短くできることも、非常に大きな価値となるのです。

即納体制に加えて「ジャストインタイムで納品できる」というのも、生産管理チームの強みになります。営業が取ってくる受注に対して、ミスなく正確に商品を生産でき、しかもお客様が指定した日に納品できるのです。

この「ジャストインタイム」というのは非常に重要です。たとえばお客様から「納品は○月○日でお願いします」と言われているのに、１ヵ月早く製品ができあがってしまっては、時間も労力もムダです。当然、財務状況も悪くなります。

しっかりと生産体制が管理されている会社の工場は、とてもきれいです。たまに中小企業の工場や倉庫に行くと、とても多くの在庫を抱えていることがあります。そうした会社は、在庫商品をお金として見ていないのです。これらをお金として見て、工場をすべてきれいに整理すると、中小企業の場合でも、１億円くらい財務状況が改善することがあります。さらに仕掛在庫がまったくない状態にできると、それを管理する人件費も浮きます。

もちろん、こうした部分の管理や業務改善がしっかりとできる人が転職しようとしたら、どこの会社でも重宝され、高給待遇で受け入れてくれる可能性が高いといえます。

「事務部門」で働く人は、「脱・作業者」を目指して組織全体を俯瞰せよ

最後に取り上げるのは「事務部門」、いわゆるバックオフィスの仕事です。

第4章で、「明確な成果（付加価値）」とは、経理・人事・総務などバックオフィス業務担当者でも、「付加価値を上げれば、それが評価につながることを明確にしなければいけない」という考え方を紹介しました。

前述した経理部社員のように、データ入力業務の効率化をし、会社全体のコストダウン、業務のスピードアップをもたらすことで、会社の価値向上に対する貢献度が高まるのです。

事務部門で仕事をする人たちは、売上目標やＫＰＩのような数値目標は持っていないでしょう。そのため「会社の価値向上には関係ない」と考える人がいるかもしれませんが、それは誤った考え方です。事務部門で働く人たちも、組織の一員として十分貢献できます。

大切なのは、どんな部門・部署で働いていようが、前述したマーケットイン起点の基本的な組織構造図における全体の流れ（ニーズ探索→価値創出→商品実現→価値展開→価値実現）の中でどのように寄与・貢献できるのか、どうしたらこの流れをスムーズに動かせるのかを考え実践することです。

ここでは「経理」を例に、もう一度、事務部門の人たちは会社の価値向上のために何をすべきかを考えてみましょう。

経理の役割は何でしょうか？　ひとことで言えば、経理は「会社内の経営に関する数値を『見える化』する仕事」です。社員全員が「最小の時間で最大の付加価値を生み出すため」に、さまざまな数値を「見える化」することが大切なのです。数値が「見える化」されると、最終的に経営者は早く、正確な意思決定ができ、それが会社の価値向上につながります。

たとえば、あなたが経理業務を担当していて、１０００人の社員に営業関連の数値を入力してもらっていた「月に1時間（60分）」の作業時間を、「月に10分」に減らせるデータ入力のフォーマットをつくったとします。

60分が10分に減ったということは、月間で一人あたり50分の作業時間削減となり、1000人全員で計算すると、月間で50分×1000人＝5万分（833時間）の時間が削減できたことになります。月間で5万分ということは、×12ヵ月＝年間で約1万時間が削減できたのです。1万時間を人件費に換算すると、だいたい社員5人分の年間人件費に相当します。あなたは従業員5人分の年間人件費を削減できたのです。

しかもデータ入力作業がラクになったことで、20人いた経理スタッフを10人に減らせたとします。おまけにDX化によって、誰もが瞬時に各種データを閲覧できる＝見える化が実現でき、経営の意思決定に役立てられたらどうでしょう。そんな経理スタッフがいたとしたら、経営者は「会社の価値向上に貢献してくれた」と大いに評価してくれ、あなたの「市場への貢献価値」も高まり給与もアップするでしょう。

逆に、会社の価値向上に貢献しない経理担当者はどんな人かというと、自分を「ただの作業者」だと思っている人です。そういう人は、経営における意思決定のための数値の見える化が、会社の価値向上につながることを理解していないのです。

重要な数値の変化を正確に捉えること、経営者の重要な意思決定が遅れることは、ときに会社に大きな危機をもたらします。大海原を走っている会社という船が、タイタニック号のように、目の前に巨大な氷山があるのに気づくのが遅れ、沈没してしまうことさえあるのです。経理の仕事に携わる人は、自分たちの力によって、そうした危機を回避できるのだということを認識すべきです。

経理に限らず、事務部門、管理部門で働く人は、「私はただの作業者です」と考え、会社の価値向上のための業務改善に目を向けないと、いつまでたっても会社への「役立ち度」、お客様への「貢献度」が低いままです。そうした状態から脱却するために、事務部門、管理部門のみなさんは目の前の自分の仕事だけを見るのではなく、2段階、3段階上にいる上司のような目線に立って、組織全体を俯瞰してみることをお勧めします。

全体を俯瞰してみて、自分が担っている業務だけでなく、ほかの人の業務も含めて、DX化、ペーパーレス化できる項目はないか、自動化できる項目はないか、とムダな作業を洗い出し、業務を効率化することを考えてみましょう。

第3章で、ムダな作業を減らすためには、一番長く時間がかかっているものから順に、その仕事を「やめられないか」「1つにまとめられないか」「回数を減らせないか」「自動化できないか」という視点で検討すべきだと言いました。これは営業だけでなく、事務部門で働く人でも同じです。組織全体を俯瞰したときに、この4つの視点で考えるとムダな業務を削減でき、コスト削減につながります。

事務、管理部門の業務の多くは、これからAIに取って代わられる可能性が高いと言われています。ただの作業者にとどまっていると、いずれAIに淘汰されてしまうかもしれません。

ただ、同じ管理部門でも財務部門のように人的リソースの重要性が高まっている仕事もあります。この分野では、経営戦略や財務戦略の立案など、経営陣としての視点も求められるCFO（最高財務責任者）の重要性にも注目が集まっており、財務の仕事は作業者になりさえしなければ、AI時代でも生き残っていけるでしょう。

ちなみに、CFOレベルの人に私が教えることはほとんどありません。財務部門、特にCFOは、経営が立ちいかなくなるということがないように、自社の財務・経理の戦略立案など会社のお金にかかわるすべてを統括し、資金計画を立てています。

会社がつぶれる原因は、赤字だからではありません。資金がショートしたときにつぶれるのです。そうならないように、財務部門がCFOを中心に、お金の管理をしっかりしてくれているから会社が存続できているのです。財務部門は「会社の存続」という企業にとって最大の価値に寄与しているのです。

財務部門は経理部門とも連携して動き、経営上の数字がすべて集まってくるので「在庫が多くないか」「粗利益率が低くないか」という警鐘を鳴らせるポジションにあります。財務部門で働く人で、「自分は会社の価値向上のために役立っていない」と思っている人はいないと思いますので、改めて「自分たちの仕事は会社の価値向上に大いに貢献しているのだ」という誇りを持って仕事に励んでいただきたいと思います。

「価値のある学び」は正しい。会社は社員に学びを強制しよう

ここまで、各部門・部署で働く人たちが、会社の価値向上のためにどう取り組むべきかについて解説してきました。最後に、仕事内容、担当業務に関係なくすべての人にやってほしいことについてお伝えしておきます。

すべての人に取り組んでほしいこと、それは「学び」すなわち「自己学習」です。

何を学ぶべきかについては、自身で判断していただくしかないのですが、営業担当者なら営業関連の本、マーケティング担当者ならマーケティング関連の本など、自分の担当業務に関連するビジネス書を読んで勉強するのもいいでしょう。そのとき、本書で紹介した内容と照らし合わせて、「これは会社の価値向上につながるな」と思うものを選ぶのがポイントです。学びは「価値のある学び」でないと意味がありません。それを念頭に置いて、どんな本や教材、プログラムを選ぶのかが重要です。

今私がお付き合いをしている会社には当てはまりませんが、日本では社員教育に時間やお金を使わない会社が非常に多いと感じます。そんな状況で会社を頼りにしてはいけません。10年後、20年後にあなたがまったく成長しておらず、給与もほとんど上がっていないとき、「会社がちゃんと教えてくれなかったから」という言い訳は通用しません。

会社に期待せず、個人で率先して学んでください。学びを繰り返せば、学んだことはずっと積み重なっていきます。その積み重ねこそが「個人の力」となります。

私が今、まがりなりにもビジネスで社会に貢献できているのは、私に何か特別な才能があったからではありません。学びを積み重ねてきたからです。営業、マーケティング、商品企画や販売促進のあり方、業務効率化の方法など、この本の中で語っていることは、すべて私の学びの積み重ねによって得られた知識とスキルです。

あなたもこの本に書かれていることをヒントにして、さらに「価値のある学び」を積み重ね、確実に成果を出せるようになれば、あなたの給与は確実に上がるはずです。その学びの量と、そこから生まれた実績・成果があなたの給与を高めていくのです。

一方、私が会社側、経営者に望むことは、「価値のある学び」「会社の価値向上につながる学び」を社員に強制することです。もっと社員研修や教育プログラムに社員を参加させましょう。

ただしここでも「価値ある学び」という点が重要です。

よくある社員研修プログラムに見受けられる、「入社1年目はこんなことを、3年目はこんなことを学びましょう」「チームリーダー、管理職はこんなことを学ぶべき」といった形の学びではなく、「これが会社の価値向上につながるので、これを学びましょう」という内容を学習させることが重要です。会社はそうした学びの場を社員に強制すべきです。

トップセールスからすると、「そんなことはもう知っている」と思うかもしれません。しかし、8割の営業はそれを知りません。その8割の人たちには、無理矢理にでも「価値ある学び」をさせるべきなのです。結果として、その学びがお客様への価値に繋がり、お客様から受注と感謝をもらうことができれば、学んだことが役に立ったと会社に感謝してくれるでしょう。
またトップセールスも「そんなことは知っている」とは言いますが、「それを教えることができる」というセールスはとても少ないのです。知っているとできる、できると教えることができるという段階には大きな差があります。体系的な価値ある学びを受けることは、トップセールスにとっても、トップマネージャーになる重要な学びなのです。

どの分野でも、セオリー（理論）がすでにあります。営業のセオリーもあれば、マーケティングのセオリーもあります。商品企画、商品開発、生産技術、事務部門についても、これが正解だというセオリー、価値が出ると確立された方法があります。それはこれまで先人たちが積み重ねてきた経験や努力の結果、確立されたものです。そんな長年にわたって培ってきたセオリーがあるのに、それを学ばずに自分だけの考えで臨機応変にやろうとしても、うまくいくわけがありません。

だから、会社は正しい学び・学習を受けることを社員たちへのルールにしていいのです。
会社の価値向上に結びつくもの、先人によって確立されたセオリーについては、会社は社員に対して、ぜひ学習を強制してください。学びにおいては、個人で自己学習に励み、会社も積極的に社員を学びに導くという、２つの軸で展開することが重要です。

自社の価値向上を阻むボトルネックはどこか？

本章の最後に、「会社の価値を高める」ということを基軸に考えるとき、そもそも会社組織はどうあるべきか、について私の考えを述べておきます。

私が考えるマーケットイン型経営における会社組織というのは、次ページの図のようなイメージです。「マーケティング」「財務」「生産・製造・納品」という主要事業があり、それを下支えする土台として「組織」があるという考え方です。いい組織をつくるうえで重要な要素は、「採用」「評価」「報酬」「教育」です。

経営者としてこの図を見て、自社の価値向上、お客様への価値提供の向上を考えたとき、ボトルネックとなっているのはどの部分でしょうか。「新商品・新事業企画」「マーケティング最適化」「コンサルティングセールス」でしょうか？　それとも「生産」「製造」「納品」の部分でしょうか？

マーケットイン型経営における会社組織

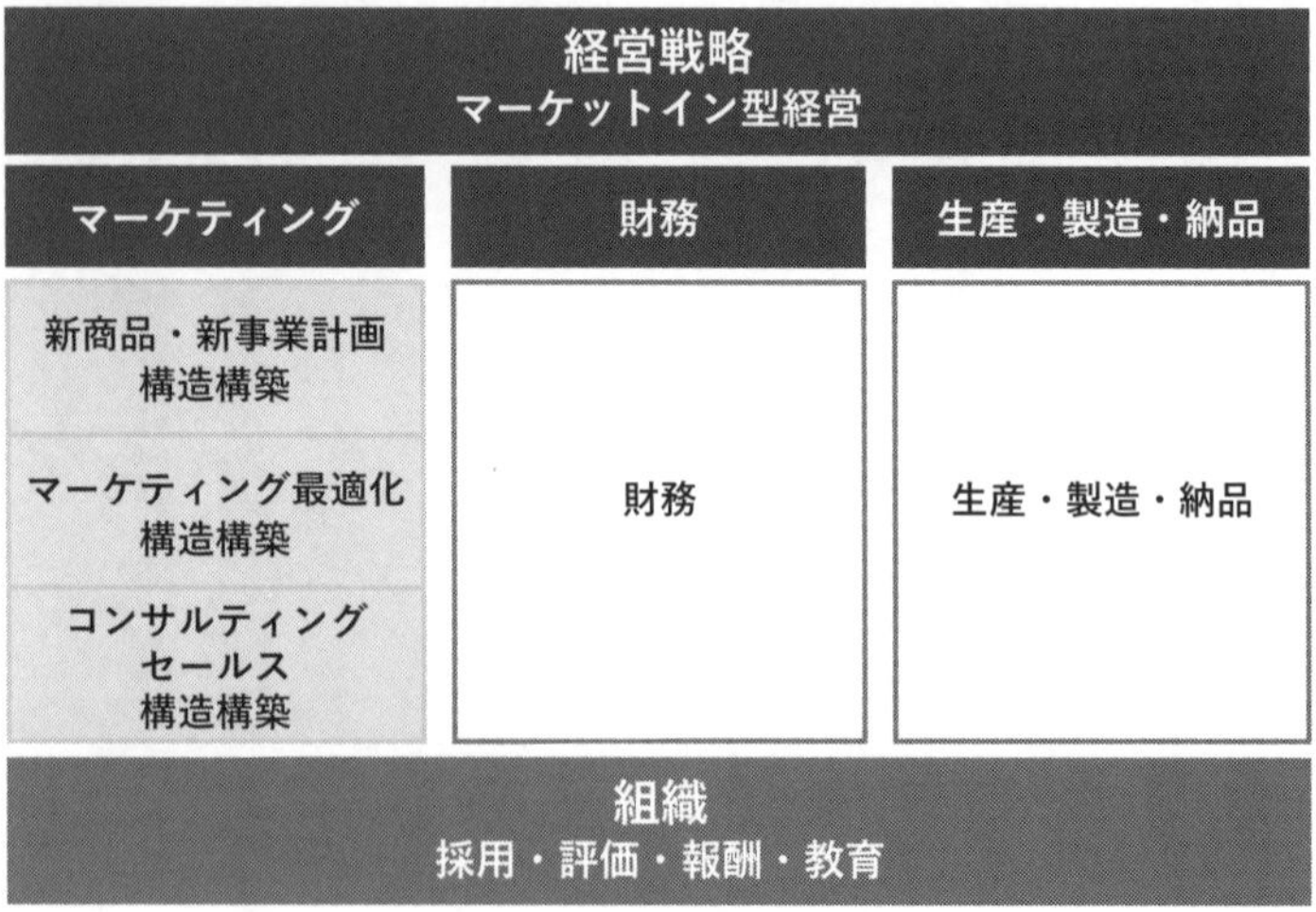

まずは自社のボトルネックとなっている部分から教育・改善を行うべきです。

たとえば、すでに特許製品ができており、正直マーケティングは不要なほど、市場ナンバーワン商品で戦える状態だとします。すると、生産や製造、納品の部分が問題となってきます。そのとき、前述したような生産技術や生産管理の部門として取り組むべきことや、TOC理論などをしっかりと社員に勉強させて、ボトルネックを解消するような生産組織をつくっていくことが重要となります。

また、生産部分に問題がない場合「マーケティング部分がボトルネックになっていないか？」と考えてみます。マーケティングに目を向けてみると、多くの会社が「うちはセールスの部分に問題がある」と言います。その場合、コンサルティングセールスの部分が改善したら会社全体の価値は上がるので、まずはそこから取り組みます。

あなたが経営者なら、このように会社のボトルネックはどこにあるのかをチェックしたうえで、改善策の実施を行ってください。もちろん予算やそれぞれの会社の都合もあると思いますので、本書で紹介した改善策の中から、効果の高いところから取り組むのでも構いません。

経営者は、会社を「市場（マーケット）に対して存在するもの」という考えに立って見ることが大切です。

コンサルティングをしていると、よくお客様から「組織づくりがうまくいかないんです」と相談されます。そうした悩みを持つ経営者は、本章の冒頭でも述べたように、「市場があり、市場の問題解決をする会社があり、会社を支える社内組織があり、個人がいる」という基本構造を再認識すべきです。そして「市場における会社としての価値」を考えて、そのあとに「組織は最適な状態か」「組織内メンバーの能力は最適な状態か」という順番で見ていきます。このように見ていくと、社内の誰にどんな学び・学習をすればいいのかがわかってくるでしょう。

ちなみに、すべての部門・部署で会社の価値向上のための仕組みが確立されてしまうと、実は会社が社員に教えることは少なくてすみます。

たとえば営業（コンサルティングセールス）の場合、営業の「型」や営業で成果を出すための仕組みが確立されてしまえば、お客様との関係で発生するイレギュラーな課題や、新商品の販売方法、新たに見つかった有効な販売手法に関することだけ教えればよくなるのです。

しかし、「型」や仕組みがなく、個々の営業が臨機応変に対応できる状態をつくってしまうと、何を教えていいのかわからなくなります。結果、「型」以外の価値向上に関係のないコミュニケーション研修や、やらなくてもいい学習などをするようになり、ムダが増えてしまいます。

営業の「型」や仕組みが確立されている組織は、他社に比べてマネジャー、管理職がとてもラクになります（もちろん実際は大変なのですが）。そして部下全員がコンサルティングセールスについてよくわかっていれば、指導の際にも共通言語があるので、早く理解してもらえるのです。そして前述したような営業活動、営業プロセス見直しの仕組みがしっかりと構築されていれば、組織として自動的に改善が起こることも多くなるのです。

そんな状態にすることができれば、マネジャーや管理職などは、個別の教育に割く時間を減らすことができ、組織全体の成果を上げることに集中していくことが可能になるのです。

これは、ある意味「変数（変えられる要素）が少ない」状態と言ってもいいかもしれません。

会社側が「あなたの自由にマネジメントしていいですよ」と言った瞬間、「変数」が激増してしまいます。そうするといろいろな問題が起こります。たとえば「隣のマネジャーは休みを多くくれるのに、うちのマネジャーは、もっと長時間働けと言ってくる。これは不公平だ」と部下の不満が噴出するような問題も起こりうるのです。

組織を上手く動かすためには、マネジャーの仕事を含め、すべての仕事の変数を減らすことも大きなポイントなのです。「変数」が少ないことが大きなポイントです。もちろんルールや仕組みでガチガチに固め過ぎる、つまり「変数」が少な過ぎるとうまくいかないこともあるので要注意です。とはいえ組織内の「変数」を少なめにすると、社員は大切なことに集中でき、思考スピード、行動スピードが速くなります。特に営業は商品企画などと違って「変数」が少ないため、ターゲットが決まれば、あとは型通りに行動できます。その結果、会社が学習させるべきことも絞れます。

本章で紹介したような「すべての人が『会社の価値向上』にかかわる組織」をつくることによって、今、キーエンスの人たちの多くは、平均年収2279万円と他社よりも高い収入を得たうえで、年間128日(2023年度)という休みを取ることができ、収入と休暇の両立を果たすことができているのだと思います。先日一緒に食事をした方から聞いた、ある42歳のキーエンス社員の年収は「4000万円」だそうです！

しかしキーエンスも最初からそうだったわけではありません。かつては社員への待遇も飛び抜けてよいわけでもなく、離職者がたくさん出た時期もあったそうです。そこで、会社の価値を高めるために、業務の改善、マーケティングチームの改善、ブランディングの強化など、会社の価値を高めるために、さまざまな改善策に取り組み、紆余曲折を経て今のキーエンスになったのだと思います。

みなさんの会社も、本書で紹介した内容を参考に、自社としてまずどこから手をつけるべきかを見極めたうえで、会社の価値向上を最大化する組織づくりに取り組んでみましょう。時間はかかるかもしれませんが、決して諦めず、ここで紹介したことをすべての部署、すべての社員が実践することで、会社の利益と社員の給与を同時に向上させる組織ができあがるのです。

ここまでお話をしてきましたが、これらをまとめる人事・報酬制度としては、運用していくために何から取り組むべきか？　と聞かれると、私は全社業績連動型報酬をお勧めします。また、営業利益をベースとした業績連動報酬の場合、社員一人一人の成果によらず、様々な投資の影響により、社員の意識と報酬が連動しない可能性があるので、「現在の1人時間あたり粗利益高よりも向上した分の割合」で始めていくのが良いと思います。たとえば、現在の1人時間あたり粗利益高が5000円だったものが、7000円に向上できたとすると、その向上した２０００円の10％の２００円を配分するというような計算です。

たった２００円？　と思うかもしれませんが、２００円×２０００時間（年間労働時間）を考えると、40万円もの向上に繋がります。その翌年も７０００円から９０００円に、９０００円から１２０００円にと増えるたびに、向上させていくことができれば、上がり続ける年収体制を構築していけるのです。

もちろん、この時会社の利益は開始時よりも向上しています。１０００人の会社が一人時間当たり粗利益高を２０００円向上させることができれば、１０００人×２０００円×２０００時間で、40億円もの粗利益が向上しています。その10％を社員に分配したとしても会社としては相応の利益が残ります。

その利益を新商品企画や新事業、ＤＸなどの業務効率化に取り組むことで、翌年度も一人時間当たりの粗利益高向上を目指し、好循環をつくっていけば、会社と社員が利益を向上させながら、賃金を上げていくことができるサイクルを構築していけるのです。

COLUMN

現行労働法の中で理想的な給与体系をつくるのは至難の業？

営業（コンサルティング）の解説パートで、トップセールスと、売れない営業の一日の行動を比較しました。トップセールスは会社の価値向上に大きく貢献し、一方で売れない営業は、会社の価値向上のために、ほぼ何もしていないと述べましたが、ここで、次のように思った経営者がいるのではないでしょうか。

私の会社にも同じように、2タイプの社員がいる。会社が持つ「給与の原資」は限られているので、価値を創出していない社員の給与を下げ、その分を、価値を創出している社員に移行させてあげたいが、その場合、具体的にどうすればいいか？

こうした疑問はもっともです。本来なら、価値をつくれていない社員が価値をつくれるよう教育するか、本書で紹介しているような報酬・評価制度を導入すればいいのですが、そう簡単にはいきません。給与の原資が限られている中で、まずは「頑張っている人の給与を上げ、できれば、頑張っていない人の給与を下げたい」と思うのが経営者の本音でしょう。

しかし日本の労働法では、簡単に社員の給与を下げられません。もし、会社側が一方的に「あなたは頑張っていますが、価値を創出できていないので、来月から給与を下げます」と伝えたら、社員から「不当な扱いを受けた」などと言われて労使トラブルに発展するかもしれません。そういう社員を簡単に辞めさせることもできませんし、あまり強く「彼（トップセールス）と同じような成果を出せ！」と言ったらパワハラになる可能性もあります。そう考えると、経営者のみなさんは本当に大変だと思います。

そんな経営者の悩みを解決する方法は、やはり、たとえ時間がかかったとしても、本書で紹介しているような報酬・評価制度（全社業績連動型報酬、クラス別評価制度、相対評価）を導入して、一人あたり付加価値生産性を高めるための報酬・評価制度上で社員の給与を変動させていくことが求められるでしょう。

そうした制度をうまく導入できれば、たとえ若手社員がベテラン社員より多くの給与をもらったとして、ベテラン社員から不平や不満が出たとしても、しっかりと納得してもらいながら、企業の価値を向上していくことができるでしょう。実際キーエンスでも、40代社員よりも20代の若手社員が上のクラスにいて、若手のほうがより多くの給与をもらっているケースがありました。

現在の日本の労働法は、労働集約型産業や資本集約型産業に基づいた法律です。すでにやるべき仕事が決まっている前提で、「この仕事をやってください」という労働条件下での法律のため、われわれコンサルティング業のような知識集約型産業の仕事にはあまりマッチしていません。

知識集約型の仕事では、自分で考えて働かなければ、何も価値を生み出せません。一日きちんと8時間働いたとしても、何も価値を生み出さず、ただ仕事するふりをしているだけの人に、高い給与を払い続けるというのは確かにおかしな話です。

しかし今の法律上、価値を生み出している人にはたくさん給与を出して、そうでない人には給与を出さないというわけにもいきません。その中で、社員から不平不満が出ないような給与体系を築き、なおかつ会社の利益を上げていく理想的な経営を実現するのは、至難の業かもしれません。ですが、諦める必要はありません。実際それを実現できている会社があるのです。

ぜひ本書で紹介した取り組み方法や仕組みを、少しでもあなたの会社に取り入れてください。そうすれば、あなたの会社は一歩、理想的な経営に近づけるはずです。

第 6 章

諦めずに、今すぐ始めよう

INCREASE ADDED-VALUE
FOR MORE
PRODUCTIVITY
AND
PROFITABILITY

どんな人も会社も取り組める「付加価値向上のための3ステップ」

第3章から第5章まで、さまざまな切り口で、会社の収益・利益向上と社員の高給与化を同時実現する方法と、会社の価値を向上させるための取り組み方について解説してきました。ここでもう一度、本書の冒頭で述べた「給与を上げるための最重要課題」を思い出してください。給与を上げるには、「1人1時間あたりの付加価値生産性」を高め、会社の収益をアップさせることが必須条件だということです。特に給与の原資となる利益を増やすことが重要です。「1人1時間あたりの付加価値生産性」を高めること、それがみなさんの給与を上げる唯一の方法です。それ以外に方法はないと言ってもいいでしょう。「1人1時間あたりの付加価値生産性」を高めるには、ここまで紹介した考え方を理解し、本書で提案したさまざまな方法を実行に移せばいいのです。

とはいえ、「何が大切で何をすべきかについてはわかったが、何から始めたらいいのかわからない」「何をどういう順番でやっていけばいいのかわからない」という読者も多いのではないでしょうか。

そこで最終章では、誰もが今すぐ行動に移せるよう、まず何から始めて、何をどういう順番で進めていったらいいのか、実践のポイントを整理してお伝えしておくことにします。

これからみなさんに紹介するのは、どんな人も会社も取り組める「付加価値生産性向上のための3ステップ」です。これは、どんな仕事をしている人でも、一般社員でも管理職でも経営者でも、またどんな会社でも取り組める汎用的な方法ですので、ぜひ参考にしてください。

また、本章の後半では、経営者の疑問や悩みにお答えする形で、「離職の防止」「有能な社員の退職リスク回避」「付加価値生産性の向上における採用」「経営改善のポイント」などについて、私なりの考え方を紹介しておきたいと思います。

まずは「どんな人も会社も取り組める、付加価値生産性向上のための3ステップ」について解説します。ここで紹介するステップは次の3つです。

ステップ1　すべてを最小の時間に変え、たくさんの時間を生み出す

ステップ2　生み出した時間で「既存の仕事」をたくさんして利益を増やす

ステップ3　「既存の仕事」をしても利益が増えなくなったら、「新しい付加価値を生む仕事」をつくる

では各ステップを一つひとつ見ていきましょう。

ステップ1　すべてを最小の時間に変え、たくさんの時間を生み出す

第3章で、あなた自身が「最小の時間で最大の付加価値を生み出す人」になるためには、まずは今やっている仕事の「棚卸し」をしてムダを減らし、「スキルアップ」と「仕組み化」で時間短縮をすべきだと述べました。

新しい仕事や新サービス、新規事業にチャレンジするのはいいのですが、私たちに与えられた時間は限られています。新しいことに取り組み、新たな付加価値を生み出すためには、まずはそのための「時間」をつくらなければなりません。

そう、「1人1時間あたりの付加価値生産性」を高めるためのファーストステップは、「すべてを最小の時間に変え、たくさんの時間を生み出す」ことなのです。

ここでポイントとなるのは、まず「今ある社内リソースを使って時間をつくる」ことです。特に人的リソース（従業員）は現状のまま、新たな時間を生み出すことが重要です。

たとえば、現状、非常に生産性の高い状態を保っている会社があるとします。社員一人あたりが生み出す付加価値生産額（粗利益）の平均額は、年間で3000万円から5000万円だったとします。そんな会社なら、次のステップとして、新たな時間を生み出すために新規採用を行うなど、外から人的リソース（プラスアルファの時間）を買ってきてもいいでしょう。

しかし、現状まだ社員一人あたりの粗利益が年間1000万円に届かない状態だとしたら、まずは既存の社内リソース（人員）のまま、新たな時間を生み出すべきです。


もう少し具体的に説明しましょう。

あなたの会社が、営業一人あたりの粗利益が年間で2000万円に満たない状態だとします。ほかの社員やスタッフたちも合わせて計算すると、社内全体の一人あたりの粗利益の平均額は1000万円を切るでしょう。

そのような労働分配率（付加価値に占める人件費の割合）がとても高い状態で、営業に年間500万円平均の給与を払っているとしたら、どう考えても払い過ぎの状態です。

そのような会社では、まずは「今やっていることを、最小の時間でこなすにはどうしたらいいか」を考え、ムダをなくし、仕事に費やしているすべての時間を「付加価値を生み出すための時間」に変えていかなければなりません。それをする前に、もっと売上・利益を増やそうと新規採用をかけたり、新たな設備投資をしたり、新サービス立ち上げのために時間とお金をかけるようなことは避けるべきです。

ここで肝となるのは、前述した、ムダな作業を減らすための4つのポイント、「やめられないか」「1つにまとめられないか」「回数を減らせないか」「自動化できないか」という視点で現状の仕事を見直すことです。そのポイントで仕事のムダを減らせば、生産性を下げることなく、新たな価値を生み出すための時間をつくれます。

付加価値生産性アップを目指すなら、まずはこの「すべてを最小の時間に変え、たくさんの時間を生み出す」というファーストステップを踏むことが必須です。それは、個々の社員でも社内組織でも会社全体においても同じです。新しいことを始める前に、まずは、すべてを最小の時間に変えることに挑戦してみてください。

もちろんこの話は、資金調達をし、その資金を元手に早急に新商品を完成させて、マーケットアプローチを拡大しなければならないという会社には当てはまりません。現在すでに組織があり、運営をしている会社についてのお話です。

ステップ2　生み出した時間で「既存の仕事」をたくさんして利益を増やす

「すべてを最小の時間に変え、たくさんの時間を生み出す」ことに成功したら、次にすべきことは何でしょうか？

それは、「生み出した時間で『既存の仕事』をたくさんして利益を増やす」ことです。

ステップ1を踏む前に新しいことを始めることはＮＧですが、ムダをなくしてたくさん時間ができたからといって、その時間を使って新しいことを始めるのもＮＧです。

新しいことに取りかかるのは次の段階です。ステップ2では、今の仕事におけるムダを削って生み出した新たな時間を使って、既存の仕事を今まで以上にたくさんすることを目標にしてください。

「仕事を効率化して、たくさん時間ができた。よし、新サービスを立ち上げて一気に売上を伸ばすぞ！」と考える人がいますが、この段階でいきなり飛び道具的な施策を打っても、成功の確率は低いでしょう。既存の仕事の中に、まだまだ付加価値生産性をアップできる余地が残されており、まずはそこを改善して土台固めをしてからでないと、新しいことは、まずうまくいかないからです。

「今やっている仕事に費やす時間を短くしてムダな時間をなくす」→「新たに生み出した時間を使って、今の仕事の中で付加価値の高い仕事をもっと増やす」と、段階を踏んで進めることが成功につながります。

これは営業（セールス）を例に説明すると具体的なイメージがわきやすいでしょう。

営業の場合、「新たに生み出した時間を使って、付加価値の高い仕事をもっと増やす」とは、たとえば「資料作りや社内会議を価値あるフォーマット化をし、費やす時間を減らして、お客様との接触、価値提供時間を増やす」ことです。

前章で紹介したように、トップセールスと売れない営業は、一日の行動に大きな差があります。トップセールスは一日の多くの時間を顧客への電話やメール、顧客ミーティングなど「お客様との接触」に使っています。一方、売れない営業は、ほとんど「お客様との接触」に時間を使っていません。一日中、お客様への価値提供にほとんど関係ないことをしているのです。そうしたムダな時間を減らして、新たに生み出した時間を「お客様との接触」にあてていくと確実に成果が出ます。

先日、弊社の研修を受けたクライアントの担当者から「田尻さん、おかげさまで創業以来、最高の売上が出ましたよ」と連絡がありました。「それはよかったですね！　どれくらい売上アップしたんですか？」と聞くと、「上期で昨対比１３４％です。こんなに上がるとは思わなかったので、自分たちも驚いています！」と言うのです。その会社は約年商50億円なので、半期の売上25億円に対してプラス34％ということは、８・５億円の売上増加です。当然、利益ベースでも大きくプラスになりました。

なぜそんなに急激に業績が向上したのかというと、コンサルティングセールスを全営業で学んだうえで、ここで紹介したステップ１、ステップ２を着実に実践したからです。まだ新商品が出たわけではなかったので、営業のムダな時間を減らして、お客様との接触時間と価値提供量を増やした結果なのです。

この会社の社員数は約３００人ですから、８・５億円を３００で割ると、半期で一人あたり約２８０万円、年間で一人あたり５６０万円以上の売上が増えた計算です。このように、「生み出した時間で『既存の仕事』をたくさんして利益を増やす」を実践すれば、確実に付加価値生産性が上がります。

繰り返しますが、大切なポイントは、まずステップ１（すべてを最小の時間に変え、たくさんの時間を生み出す）を実践し、それができたらステップ２（生み出した時間で「既存の仕事」をたくさんして利益を増やす）という順番で進めていくことです。

ステップ3　「新しい付加価値を生む仕事」をつくる

ステップ1、ステップ2で既存の仕事における付加価値生産性を最大化したら、ステップ3に進みます。

ステップ3では、既存の仕事から離れて「新しい付加価値を生む仕事」をつくる段階に入っていきます。ここまで何度も「今の仕事の付加価値生産性を上げる前に、新しいことに取り組んではいけない」と言ってきましたが、ようやく新しいことにチャレンジしていい段階です。

ただし条件があります。それは、「『既存の仕事』をしても利益が増えなくなったら」です。

「営業がどれだけお客様との接触時間を増やしても、これ以上、大幅な売り先を拡大できない」「既存の仕事の量を増やしても、これ以上、大幅な売上も利益も増えない」という状態は、マーケティングをきちんと学んでいる人であればわかります。そのように、既存の仕事において付加価値生産性の最大化が限界に達したときが、新商品、新サービスの企画や新市場の開拓を始めるタイミングです。

たとえば、次のような専門商社があるとします。

・特定の地域で自社商品を販売展開してきたが、その地域で50％以上のシェアを取れた。

・この地域で、これ以上競合を打破してシェア率を高めようとすると、今まで以上に時間も資金もかかると予測される。
・競合他社も強いため、この地域内でまともに戦ったら「値下げ合戦」になりかねない。
・自社商品が売れる地域、マーケットは、ほかにもまだまだたくさんある。

このような状況に置かれた会社の場合、同じ商品を違う市場で売るだけでも売上・利益を伸ばせますし、新たな市場に対して新商品を投下するというのもありでしょう。

ステップ1とステップ2がしっかりとできていれば、すでに付加価値生産性が高い状態です。その状態から新商品をつくったり新市場での事業展開ができれば、成功確率が高いといえます。

最初にステップ3から取り組もうとする、つまり、付加価値生産性が低いにもかかわらず、新たに人を雇おうとしたり、付加価値生産性が低いにもかかわらず新商品や新市場のほうへ舵を切ろうとすると、さらに会社全体の付加価値生産性が下がり、経営状態が悪化してしまう可能性すらあります。

このステップ3については、組織として役割分担をするという手や、個人として時間の分配をするという手もあります。たとえば、既存の市場に対する売上を狙う企画割合が7割、新しい分野へのアプローチが2割、完全に新規が1割にするという考え方や、個人としても9割は既存の付加価値創造の動きをしているが、1割は新しい市場を狙っているなどです。

どちらにしても既存市場、既存の価値提供の割合を下げすぎることは非常に危険です。そんな中、極端な施策をとって、大きく事業に失敗してしまう方もよくいらっしゃいます。

ぜひ、そんな人や、そんな人を見かけた方は、この3ステップの考え方を教えてあげてください。以上が「どんな人も会社も取り組める、付加価値生産性向上のための3ステップ」です。

ここで紹介したステップ1、2、3の順番を間違えると、高収益化も高給与化もできません。

もちろん、スタートアップなどで何十億円という資本金を集められたら、無理してでもステップ3からやらなければいけない、ということもあるでしょう。しかし、一般の会社が付加価値生産性の向上に取り組むなら、ステップ1からステップ3の順番を必ず守ることが大切です。

「G-PDCA」を確実に回す

この3つのステップ、特にステップ1「すべてを最小の時間に変え、たくさんの時間を生み出す」を実践するときに、ある重要な「業務改善・目標達成のための仕組み」が必要となります。それは、みなさんご存知の「PDCAサイクル」です。ただし、一般的に言われているPDCAサイクルではありません。どういうことか説明しましょう。

私はよくセミナーや研修などで、「単なるPDCAではなく、G－PDCAをきちんと実践しましょう」と話しています。

「うちはPDCAサイクルをきちんと回していますよ」という会社でよく起こる問題が、会社や部署の「目標＝ゴール」が不明確であったり、途中で曖昧になってしまうケースです。どうすればそのようなことが起こらなくなるのでしょうか？

それは、次のように成果を目的としたPDCAは、次のように成果を目的とした、「G（ゴール＝目標）」がついた「G－PDCA」を構築すればよいのです。

たとえばまず朝礼でその日の目標（GOAL）を確認して一日の計画を立て（PLAN）、それに則って午前中の営業電話をかけます（DO）。昼礼で午前中の電話業務の進捗を確認・評価し（CHECK）、改善策を反映した午後の計画を立てます（ACTION・PLAN）。

そして、再び午後の営業電話をかけ（DO）、一日の終わりにその日の目標（GOAL）に対する実績を評価して（CHECK）、最後に翌日に向けた改善策を練ります（ACTION）。

このように、ゴールを短期で明確にしたうえで、さらに一日にPDCAを2度回すという仕組みを確立するとよいでしょう。そこで重要になるのが、「G（目標）」です。常に目標を明確にしたうえでのPDCA、「G－PDCA」を運用する必要があるからです。

つまりG－PDCAとは、目標達成のためにプランを立て、目標達成のために実行し、目標達成に対してどれだけ成果が出たのかを評価して、目標達成に対して計画の改善をするということなのです。そして、目標達成に対して改めて重要なプランが立てられて、再び実行を起こします。左の図のように、「G（目標）」を目指してスパイラルアップでPDCAが回すのです。

PDCAが「G（目標）」に向かっていかないと、そのPDCAの意味がありません。特に「計画」が「目標」に合致しているかが非常に重要です。

みなさんの普段の仕事を振り返ってみてください。「この計画は、達成したら本当に目標達成できるのか」という目線で見ると、実は目標達成につながらない計画を立てている、ということがないでしょうか。

そういう人が立てている計画は、極端に言えば、「私はこれが苦手なので、まずは苦手なことから改善していこうと思います」という個人レベルの課題解決のための計画です。本来あるべき「組織のゴール逆算型の計画」になっておらず、その課題に取り組んだところで組織の目

G－PDCAのスパイラルアップ

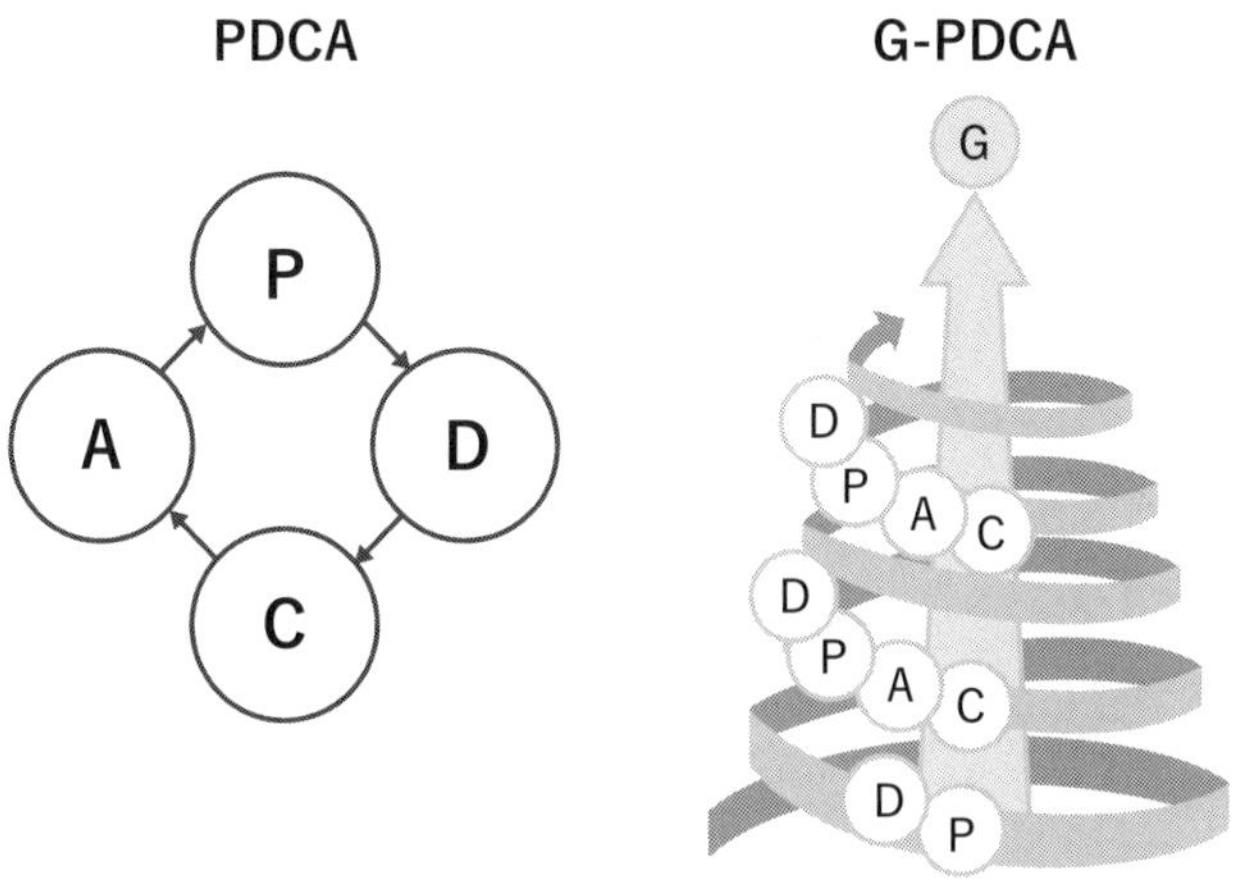

標達成にはほとんど貢献しないのです。

また、よく「D（実行）」以外に時間をかけ過ぎる（Dの時間が少な過ぎる）というケースが見受けられますが、これも問題です。本当に成果を出すためには「D（実行）」にかける時間をできるだけ増やすべきです。

この問題は、やはり「G（目標）」が明確化されていないことによって起こります。明確なゴールと、それを達成するためのルートが事前にきちんと相談されていないので、計画を立てるのに時間をかけ過ぎたり、しっかりとした計画が立てられずメンバーたちが迷走してしまうのです。

ここで、ある重要な「ツール」が必要となります。そのツールとは、組織でのコミュニケーションにとって重要な「報連相（報告・連絡・相談）」です。「G（目標）」を目指すうえで、何か積み残し事項があったり、目標達成におけるベクトルがずれていたりという状態が「報連相（報告・連絡・相談）」によって補正・改善されるのです。

「報連相？　何を今さらあたり前のことを」と思う人がいるかもしれませんが、「報連相」は、G-PDCAを確実に回し、すべてを最小の時間に変え、たくさんの時間を生み出す（最小の時間で仕事をする）ための最強ツールです。

当月の目標を確認し、この1ヵ月どうやって目標を達成するのかについて、メンバー全員の合意形成がなされていれば、週次のミーティングで行うのは目標とする数字の割り振りだけです。そのため、1週間の計画を立てるのにさほど時間はかかりません。

何より大事なのは、「報連相」によって最初に「G（目標）」を明確にして全員の合意を取っておくことです。組織内のPDCAがぶれないようにするために、常にこまめな報連相は欠かせません。密な報連相が行われないと、メンバーたちは「私たち、何をやっていたんだっけ？」という状態になってしまい、付加価値生産性が大きく低下します。

「報連相」は、どんな組織においても欠くことのできないコミュニケーションの基本ですが、意外にみなさんこれが実践できていません。

また、上司や部下、メンバー同士の関係性がよく、どんなに密にコミュニケーションを取っていても、たまに認識のずれが生じることがあります。ムダなく組織の付加価値生産性を上げるには、できるだけこまめな「報連相」で合意・確認作業を行う必要があるのです。

時代の流れにやや逆行する発想かもしれませんが、私はリモートワークが普及した今こそ、オフィス出社による対面コミュニケーションが重要だと思っています。コミュニケーション不足や、コミュニケーションにおけるムダは、必ず組織の付加価値生産性の低下につながるからです。

テスラのCEOイーロン・マスク氏が従業員らに対して「最低でも週40時間はオフィスで働く必要がある。さもなければ、社を去らなければならない」とメールで指示したと話題になりましたが、まさに同じ発想だと思います。

みなさんの会社でも、「付加価値生産性向上のための3ステップ」に取り組むときは、ぜひもう一度「報連相」の重要性を認識し、「報連相」を重視したG‐PDCAを実践してみてください。

短期間で利益率を一気に上げる「価格アップ」の裏技とは

ここまで紹介した「付加価値生産性向上のための3ステップ」を、地道に着実に実行すれば、必ず売上と利益が増えます。ただし、業態や会社によっては、成果が出るまでにある程度の時間がかかることを覚悟しておいてください。

社員のみなさんも経営者も、最後まで諦めずに、まずはこの3ステップを愚直に実行してほしいのですが、「もっと短期間で利益を上げる方法はないのか?」という声が聞こえてきそうです。

そこで、最後に「短期間で利益率を上げる方法」も紹介しておくことにします。これはやや裏技的な手法ですが、あくまでも、ここで紹介した3ステップを実行したうえで実行すべきことです。その点を踏まえたうえで参考にしてみてください。

比較的短期間で一気に利益率を上げる方法はいろいろありますが、ここで紹介するのは「価格アップ」によって利益率を向上させる方法です。自社商品やサービスの販売価格を大幅にアップさせることは、ダイレクトに利益の大幅アップにつながります。

では、大幅な価格アップを行うにはどうしたらいいのでしょうか？

そのために最初にやってほしいのは、「今売っている商材を、（大幅に改変・改良することなく）もっと高く売れないか？」という発想を持つことです。

もちろん業態や商材によっては難しい場合もありますが、まずは「この商品を10倍の価格で販売することはできないか？」「どんな人だったら、今の価格の10倍で買ってくれるだろうか？」と考えてみましょう。

たとえば弊社のように企業向け研修を提供しているコンサルティング会社であれば、「現在600万円で提供している研修プログラムを、10倍の6000万円で売れないか？」「6000万円払ってでも、この研修を社員に受けさせたいと思う会社はどんな会社だろうか？」と考えてみるのです。

そして次に、「お客様に6000万円払ってもらうには、このプログラムに、あとどれくらいの価値を加えなければいけないか？」「その価値向上を可能にしてくれる人、必要とされる技術は何だろうか？」と考えてみます。

最初に価格を決め、その価格から逆算して、「その商材にどんな価値を持たせればいいのか」と、価値のつくり方を考えていくのがポイントです。

第4章で、商品の販売価格（売値）設定をするときは、「この商品の仕入れ値はいくらだから、これくらい上乗せしてこの売値にしよう」という発想ではなく、「この商品が持つ付加価値をいくらで売るかを考えよう」という付加価値ベースの価格設定をするということが重要だとお話ししました。まさにそれと同じ発想です。

「今まで600万円で売っていたものを、いきなり6000万円で売るなんて無理なのでは？」と思う人もいるかもしれませんが、ターゲットを絞りこんで、その人たちに商材の価値をしっかり伝えれば、買ってくれるお客様は必ず見つかります。

しかしほとんどの人が、そんな想像すらしません。「この商品はこの金額が適正価格なのだから、この価格で売るしかない」と思い込んでいるのです。そうした思い込みを一度捨ててみましょう。

たとえば、「1個100円のタマネギを1000円で買う人はいないだろうか？　買うとしたら、どんな人だろう？」と想像してみるのです。「これは奇跡のタマネギといって、栄養価が非常に高く、体質の改善にも効果があるんです。高齢者の方であれば、健康寿命の増進にもつながり、また、とっても縁起のいいタマネギなんです」と言われたら、お祝い事としての1000円でも1万円でも買う人がいるかもしれません。価値は、必ず商材を受け取る側（お客様）が決めるのです。

ここでポイントとなるのは、常にプラスの意味で「でも」という発想で考えてみることです。「今10万円で売っているものを、100万円で買ってくれる人は少ないかもしれない。でも、こんなお客様をターゲットにすれば、買ってくれる可能性がある」と考えるのです。そして、「今のままの品質では、そのお客様も買ってくれないかもしれない」「でも、このままのデザインだと買ってくれない」となれば、品質改善やデザイン変更が必要です。10倍の価格で売ろうとすれば、こうしてこれまでとは違うターゲットや、お客様から求められる商材のクオリティが自ずと見えてくるはずです。

大幅な価格アップを目指すなら、「それだけの価格を払ってでも買いたいと思う人はどんな人か？」を突きつめて考えましょう。「原価がいくらだから」と足元を見るのではなく、先に、市場側を見ることが大切です。

ちなみに弊社で、過去一番高い価格で販売できた研修プログラムは4300万円でした。「このプログラムは4300万円ですが、2000万円、600万円というプランもあります」という松竹梅型の提案をしました。その先進的な企業は、最終的に4300万円のプログラムを買われたのです。

これをご購入いただいたのが、前述した「半期で8・5億円の売上増加」という、最高収益を出したお客様です。

その会社には、営業（コンサルティングセールス）だけでなく、「販売促進の仕組み」や「商品企画の方法」などを学んでいただいたのですが、まだ成果として表れているのは、コンサルティングセールスの仕組みです。今後さらに、収益は増えていくと想像できるのですが、現時点で半期で8・5億円ものプラスになったわけですから、たとえ4千万円以上払ったとしても、決して高い買い物ではなかったと思っていただけていると思います。8・5億円の売上アップという高付加価値に対して投資いただいたわけなので、むしろ「安い」と感じていただけたと思います。その結果として、有難いことに今年もその会社からは、さらなる付加価値向上提案を求めていただいています。

誤解のないように断っておきますが、この「価格アップ」の方法は、単に「富裕層や予算のある会社を狙って、もっと高く売っていきましょう」ということではありません。もちろん、業態や商材によっては、そのような事業戦略もあっていいのですが、ここでみなさんに提案しているのは、「お客様がお金を持っているか、持っていないか」ではなく、「そこにニーズ（お客様の困り事）があるかどうか」を見極めましょう、ということです。そのニーズに狙いを定めて、ターゲットを絞り込んで高付加価値の商材を提供していくことで、自社商材の大幅な価格アップによる利益率の向上が実現できます。

その想像が、10倍の価格を考えてみることで、その価値のアイデアが浮かんでくる可能性が最大化していくのです。

いずれにせよ、今の商材を何倍も高い価格で売るには、これまでとは違う発想や、これまでと違うマーケットを狙った展開を考える必要があるでしょう。

実際には、「10倍」などという価格設定は少し非現実的に感じるかもしれません。みなさんが実際に自社商材の価格を上げようとして、高く買ってくれるニーズを想像したときの適正価格は、せいぜい1・5倍や2倍くらいかもしれません。

そのあたりの見極めが難しい場合は、先ほど紹介した弊社の研修プログラムのように、自社にとってのベスト提案（最も高い価格の提案）、中間価格の提案、一番安い価格の提案と、松竹梅のプランをつくってみるといいでしょう。

こうした価格設定をするだけで、お客様に最適な意思決定をしてもらえて、結果として利益率が大幅にアップしていくはずです。

「離職」「採用」「付加価値生産性の低下」社長のリアルな疑問&悩みにお答えします

ここまで、「どんな人も会社も取り組める、付加価値生産性向上のための3ステップ」と、「短期間で利益率を上げる方法」について解説してきました。ここで紹介したことを着実に実践すれば、「1人1時間あたりの付加価値生産性」を高め、会社の収益・利益を増やし、高給与化を実現できるはずです。

繰り返しますが、ここでお話ししたことを社員も経営者もしっかりと理解し、全社一丸となって同じ方向を向いて取り組まなければ、高収益化、高給与化は実現できません。特に経営者の責任は重大です。

本書は「給与を高める」というテーマについて、経営者と社員両方の立場に立ってさまざまな提案を行ってきましたが、第2章でも述べたように、給与が上がらない原因の多くは経営者にあります。したがって、まずは経営者のみなさんが、本書で紹介した内容をきちんと理解して実行に移し、同時に社員を教育していくことが最優先課題といえます。

とはいえ、経営者のみなさんにしてみれば、まずクリアしなければいけない目の前の課題や、人的マネジメントにおける悩みもたくさんあるでしょう。本書を読んで、「こういう場合は、どうすればいいのか？」という疑問を持ち、「現実的な問題に対して、具体的なアドバイスがほしい」と思った人もいるはずです。そこで最後に、おそらく多くの経営者が抱いているさまざまな悩みや疑問にお答えして、本書を締めくくろうと思います。

Q1 稼げる社員と稼げない社員の給与バランスを取って、離職を防ぐには？

給与の原資は当然ながら、会社の「利益」です。理想的な高給与化は、利益を増やして全体の給与支給額をボトムアップし、全社員・スタッフの給与を上げていくことです。

一方で、第4章で紹介したような報酬・評価制度の導入によって、給与額に社員間のギャップを生む可能性も高まります。高付加価値を生み出して稼いでいる人にはより多くの給与を、そうでない人の給与は下げなければならないからです。

実際に、稼いでいる人と稼いでいない人の差が大きい会社があります。稼いでいる人に、稼いでいない人が食べさせてもらっているという状態です。

給与の原資である利益があまり増えていない場合でも、会社は成果が出ない人の給与を減らして、成果を出している人に振り分けなければなりません。そうしなければ、稼いでいる人は、「自分はこんなに利益向上に貢献しているのに、いつまでたっても給与が上がらないなら、こんな会社にいるのは、ばかばかしい」と思って辞めてしまうでしょう。

そのようなことを避けるためには、付加価値をつくれている人に適切に報酬が分配される報酬・評価制度を有効に機能させるべきなのですが、すべての会社ですぐには実現できないかもしれません。

そこで、注目すべき便利なツールが「インセンティブ制度」です。

第4章で、インセンティブ制度は、社員のモチベーション向上に貢献する一方、会社に「利益向上のノウハウ」が溜まらないと言いましたが、インセンティブ制度も使い方次第で効果を発揮します。日本の一般的な給与制度下では、急速に成果を上げた人の「給与」を上げることが難しいので、インセンティブ制度をうまく活用すればいいのです。

たとえば、「プロジェクトごとに、成果に応じてインセンティブを払う」「単年度の成果だけを評価してインセンティブを渡す」など、さまざまなパターンを検討してみてもいいでしょう。営業なら売上額や利益貢献に対するインセンティブでいいと思いますが、経理などバックオフィス業務の担当者なら、何かのプロジェクトを一つ遂行して成果を出したタイミングでインセンティブを払うのです。

今は、「10年後の自分の給与を想定して、この会社で地道に頑張ろう」などと考える人はあまりいません。これからますます変化が加速していく時代において、成果を出したらすぐに何かしらの報酬を与えなければ、実力のある人、高付加価値を生み出せる人は辞めてしまいます。

実際に、独立して一定レベルの成功を収め、さらに果敢に新たなビジネスにチャレンジし続けている経営者は、以前の会社でトップセールスだった人、高付加価値を生み出していた人がほとんどです。そうした営業力の高い人、付加価値生産性の高い人は、どこかのタイミングで独立して、自分で会社を始めてしまうのです。

そうした能力の高い人たちを会社がきちんと評価して、その人にふさわしい給与やインセンティブを払っていたら、おそらく彼らは辞めていなかったでしょう。

頑張って高付加価値を生み出している人にきちんと報酬を払う仕組みをつくっていかないと、

成果を出せる人がどんどん外に出ていってしまい、成果を出せない人だけが会社に残り続けるという、最悪の状態に陥ってしまいます。

会社の付加価値生産性を高めてくれる貴重な人材を手放さないためにも、まずは成果を出した人にそれに見合う給与を払う報酬・評価制度を導入するとともに、各種インセンティブ制度の有効活用をお勧めします。

Q2 トップセールスが突然辞めてしまうことで発生するリスクを、どう回避すればいい？

前述したように、トップセールスのように高付加価値を生み出している人が辞めてしまうことで、会社には2つのデメリットが生じます。

1つ目は、トップセールスに依存し過ぎている場合、その人がある日突然辞めてしまうと、売上・利益が急激に低下し、会社的に大きなダメージを被《こうむ》ることです。

そして2つ目は、彼らの多くは独立し、今までやってきたことと同じような手法、同じようなビジネスモデルを展開するので、自社にとって手強い競合が増えてしまうことです。経営者のみなさんはそのことを認識して、成果を出している人にはきちんと対価を払って離職を防ぐことが、今後ますます重要な競争戦略となっていくでしょう。

では、トップセールスが辞めてしまうことで発生する2つのリスクを回避するにはどうしたらいいのでしょうか？

そのためには、「彼らの成功ノウハウを、会社としていかに吸収し、全社に共有して仕組化しておくか」が肝になります。つまり、トップセールスがいつ辞めても大丈夫な状態にしておくのです。トップセールスに依存していると、本来は市場のために存在するべき会社が、トップセールスのために存在するような状態になってしまいます。会社と社員の立ち位置が逆になってしまうのです。

前述したように、会社は市場の問題解決のために存在しています。その会社を支えているのが社内組織であり、その組織の中に個人（トップセールス）がいるのです。市場のために会社が存在し、会社のために営業部があり、その営業部という組織の一端を担っているのがトップセールスだということを忘れてはいけません。

会社としては、もちろんトップセールスの存在はありがたいのですが、そのトップセールスが「なぜ成功を収めているのか」を分析し、ノウハウを仕組みとして会社に落とし込んでおくべきです。「この人は、なぜあんなに売れるのだろうか？」と、その人が成功している秘訣を分析してみると、提案書のつくり方やトークの方法がほかの営業と違うことに気づくでしょう。

そうした成功のノウハウを会社として吸収して、セールスマニュアルを作ればいいのです。そして、営業全員がその人の6、7割のレベルまでできるようになれば、最悪その人が辞めたり病気で倒れてしまっても、その人の分をカバーできるというわけです。

キーエンスの場合、トップセールスがある日突然辞めてしまったとしても、少しの影響はあるにせよ、経営レベルで困ることはないはずです。

この状態になれるのは、しっかりと顧客管理が行われて、プル型の営業活動が確立されていることにより、顧客側のロイヤリティは会社に属しているからだと考えます。

したがって、トップセールスに代わって新しい社員が入ってきても、組織構造での入れ替わりが起こるだけであり、組織全体の動きや流れが変わるわけではありません。「仕組みの外側」にいるような超ハイレベルの人が急に辞めてしまうと困ると思いますが、仕組み内で的確に動いて、きちんと成果を出せる人がいつ辞めても、会社に大きなダメージを与えないような状態を保っているのです。

みなさんの会社も、トップセールスが突然辞めてしまうことで発生するリスクを回避する体制を構築しておきましょう。そのためには、トップセールスがいつ辞めてもいいよう、仕事の仕組み化、成功のセオリーの仕組み化をしておくとともに、「仕組みの外側にいる人」をできるだけ減らすことが肝心です。

ちなみに、このトップセールスのノウハウは属人的といいますが、これまでの私の経験からお伝えすると、トップセールスのノウハウの仕組み化は、コンサルティングセールスの理論で分解すれば、短期間かつかなり再現性を高くできます。

Q3 何でもできる「万能な社員」の退職を防ぐには、どうすればいい？

先ほど、独立して一定レベルの成功を収めている経営者のほとんどは、元トップセールスだったと言いましたが、もちろん彼らは営業しかできないわけではありません。彼らの多くは営業に加え、企画やマーケティングまで、どんな分野でも能力を発揮できる人たちです。

そうした何でもできる万能な人は、独立前の会社員時代にさまざまな分野のノウハウを吸収して、「これだったら、自分一人でもできるな」「代理店としてこの会社と契約して、成果報酬をもらう契約をしたほうが稼げるな」などと考えます。そして、それまで培った多分野のノウハウを持って独立してしまうのです。場合によっては、クライアントや人脈まで持っていかれるケースすらあります。それは経営者にとって大きな痛手となります。

そうした事態を避けるためには、給与を上げることはもちろんですが、経営者は、「この人に、どれくらいの責任や権限を持たせていいのか」「どの部署のどんな仕事を兼任させるべきか」を考えながら、慎重にマネジメントすることが重要になってきます。転勤や部署替えをいかに適切に行うかも重要なポイントです。

たとえば、立ち上げ間もない社員数5、6人の小さな会社で、営業、商品企画、マーケティングなど、すべてを優秀な一人の社員に兼任させてしまうと、どこかのタイミングで、「あれ？すべて自分一人で完結しているな」ということに気づき、「これは、資本を受けて独立したほうがよさそうだ」と思って辞めてしまいます。

したがって経営者は、優秀な社員に何をどこまで任せるべきか、主要業務を兼任させるのかを十分に吟味・検討して、慎重に担当業務をアサインする必要があります。また、優秀な社員の「そろそろ独立しようかな」という気持ちの変化を絶対に見逃してはいけません。そうした人材マネジメント能力や洞察力を持つことは、経営者の必須条件といってもいいでしょう。

優秀な社員の退職を防ぐための重要なポイントは、その人の能力値を見極めながら、万能な社員になって外に出て行ってしまうのではなく、その万能ぶりを社内で活かしてもらう流れにもっていくことです。理想は、営業、商品企画、マーケティングなどをすべて経験してもらって、最終的に経営企画室や経営戦略室の一員になってもらうようなパターンです。

もちろん、若い優秀な社員が新たな可能性を求め、今の会社を辞めて独立の道を歩むことは、個人的には大いに歓迎すべきことだと思います。その新たな可能性が、自分の会社内で開けているのか、社内には可能性が感じられず、外に出て行くしかないと感じるのか。

それは、会社の仕組み次第です。有能な社員が、「どんどん上に向かって上りつめていきたい！」と思えるような会社の仕組みをつくることが大切です。

Q4 「付加価値生産性の向上」において「採用」をどう考えればいい？

今、世の中は人手不足と言われています。労働集約型ビジネスだけでなく、われわれ知識集約型のビジネスも、みな人手不足で人材の奪い合いになっています。

しかし、「もっと人を採らないといけない」「人員を増やさないと会社が伸びない」という世の中の風潮に流されて、安易に社員数を増やすべきではありません。人員を増やす前に、まずは現在の人的リソース量を維持したまま、1人あたりの売上高や営業利益を上げることを考えるべきです。社内に付加価値生産性向上の仕組みができていないまま人を採ろうとするのは、単に人材紹介ビジネスを儲けさせるだけ、といってもいいでしょう。

ところが、「今の人員のままで2倍、3倍の売上を目指しましょう」とアドバイスすると、ほとんどの会社が「それは絶対に無理です」「そのためには人も2倍、3倍に増やさないと不可能です」と言い出します。しかし実際はそんな人数はいらないのです。問題は人の数ではありません。そんなに人が必要だとしたら、何か仕組みが間違っているのです。少し立ち止まって、「人を採る前に、もっとやることがあるのでは?」と考え、まずは前述した3ステップを実践してみてください。

また、日本の会社の付加価値生産性を下げている大きな要因の一つは安易な「新卒採用」だと考えています。社会人として未熟な人を雇い、教育して未来のキャパシティに期待するという考え方ですが、今は新卒で入社しても3年以内に約3割が離職してしまいます。新卒採用は、世界的に見ても非常に非効率な採用手法となっているのです。

しかも、新卒社員のために非常に多くの教育コストがかかるだけでなく、多くの会社で、社内でもかなり優秀な人材を教育担当者にしています。その人に営業やマーケティングなど別の部門で活躍してもらったら、もっと売上が増えていたかもしれないのです。

１人あたりの付加価値生産性の向上を目指すなら、できるだけ人を増やすべきではありません。そして、どうしても採用の必要性が出てきたら、安易に平均レベルの人材を採るのではなく、「自社の付加価値生産性を上げるためには、どうしてもこの人が必要だ」と思える人を採用しましょう。

この考えは、雇用を減らしてしまうのでは？　と思うかもしれませんが、付加価値生産性の低い組織でずっと働き続けなければならなくなる既存の社員のことを思えば、一つの経営判断ともいえると思います。

大企業では社会的責任の中、ある一定以上の社員を採るという方針があると思いますが、だからと言って数の確保のために採用基準を下げて、付加価値生産性を下げてしまう社員を採ることはお勧めできません。もしも採用人数かつ高い質の人財を採りたいのであれば、採用戦略を、価値を生み出す採用戦略に変えることをお勧めします。

社員数をどんどん増やしていくと、それに伴って「あまり儲からないかもしれないが、将来収益を生む先行投資として、これもやってみよう」などと考えて、新規事業の立ち上げが増え、経営が多角化していきます。結果として、1人あたりの付加価値生産性が下がってしまう危険性があります。

付加価値生産性の向上をベースに置いた経営規模の拡大を考えるなら、くれぐれも採用は慎重に行うよう気をつけてください。

Q5 社員数が増えたら「付加価値生産性」が低下してきた。改善方法は？

先ほど述べたように、採用によって人員を増やしていった結果、「かつては、1人あたりの付加価値生産性が高かったのに、徐々に下がってきてしまった」という会社がよくあります。そのような状態になったとき、経営者としてどう対処すればいいのでしょうか？

そういう状態の会社は、まずは付加価値生産性の高いマネジメント層や、かつて付加価値生産性が高かった時代を知っている人たちを集めて、現状の問題点（ムダな仕事）を洗い出すべきです。現場の人間に仕事のムダを探させることも大切ですが、それよりも経営センスを持ったメンバーが特別チームをつくって、彼らだけで考えるほうが効果的な場合があります。

現場レベルでムダを洗い出す方法については前述しましたが、ここではもっと俯瞰して会社全体を見る必要があります。

これは、第5章でも紹介した、マーケットイン型経営の概念図で示しているように、「マーケティング」「財務」「生産・製造・納品」という主要事業があり、それを下支えする土台として「組織」があります。

経営者としてこの図を見て、自社の価値向上、お客様への価値提供の向上を考えたとき、ボトルネックとなっているのはどの部分か？　を考えることが重要だと言いましたが、ここでも同様の視点でムダを洗い出します。

たとえば、今マーケティングは最高にうまくいっていて、このまま最適なマーケティングを続ければ、来期はさらに2倍売れる可能性を想定します。そのときに、仕入れが必要な会社なら、先に仕入れが発生するため、「財務」は大丈夫なのか？　と考えなければなりません。なぜなら、もし短期間で2倍も売り上げたら、利益を上げている状況（黒字）でありながら資金繰りが追いつかず、黒字倒産してしまうこともあるからです。

そうすると、「マーケティング活動を展開する前に、財務の問題を解決しなければいけない」

ということに気づくはずです。

続いて、「生産・製造・納品」にかかっている工数を考えます。「かつては、一人あたりの付加価値生産性が高かったのに、下がってしまった」という会社の経営状態をよく見ると、今は昔に比べて「生産・製造・納品」にかける工数が増えていることがよくあります。その場合は「生産・製造・納品」部分におけるムダを減らすことが、次の課題となります。

そして最後に、「組織」を見て、「採用・評価・報酬・教育」がどうなっているのか？　と問題点を洗い出して改善していくと、以前のように、一人あたりの付加価値生産性が高まっていくはずです。

このように、特別チームのメンバーで、まずは「マーケティング」「財務」「生産・製造・納品」の部分を見て、最後に「組織」の状態をチェック・改善していくという順番で進めるのが重要なポイントです。

このような視点で改善策を検討していくフェーズでは、最初に述べたように、付加価値生産性の高い人や経営センスのある人たちが集まって議論すべきです。

特に、以前の付加価値生産性が高かった時代を知っている人にメンバーに入ってもらうことは重要です。かつての理想的な状態を知っている人たちは、その理想形と比べて現状のどこに、どんなズレが生じているのかがすぐにわかるからです。ぜひ、そうした人たちをメンバーに加えて改善策を検討してください。

Q6 会社によって取り組むべき課題も異なるはず。自社はまずどこから取り組めばいい？

「高給与化を目指そう！」と会社全体で動き出すとき、みなさん、組織改革に目がいきがちですが、組織改革よりも、まずは「マーケティング」と「生産」の2つを見ることが大事です。この両輪がうまく回っていれば、その組織は付加価値生産性が高く、多くの利益が出ているはずです。

まず「マーケティング」と「生産」部分を見て問題点を改善し、次のステップとして、その結果増えた利益を社員にどう分配するのかという「評価」「報酬」制度を考え、両輪を回すために足りないピースを補う「採用」を考え、両輪を加速させるための「教育」を行うのです。

また、それぞれの会社の経営状態や、創業期か成長期かなど、企業成長のステージによっても問題点と課題が異なるので、取り組み方も違ってくるはずです。

最近、人事コンサルティング会社などに言われるまま、人事や教育の強化・改善にプライオリティーを置いてしまっている会社が多くあります。しかし会社によっては、教育よりも先に取り組むべきことがあり、教育の強化・改善は後まわしにしたほうがいい場合があります。

もちろん、社員のモチベーションが上がり、行動量が増えるなど、人事コンサルの導入がプラスに働くケースもあります。ほかの戦略や施策がうまくいっている会社なら、会社と社員の関係性向上、つまりエンゲージメントを高める目的で導入してもいいでしょう。

しかし、販売戦略や商品戦略などマーケティング面がうまくいっていない状態、つまり「マーケティング」と「生産」という両輪がうまく回っていない状態で、モチベーション教育だけをしても、あまり意味はないでしょう。場合によっては、営業がお客様から提案を断られるという状態を続け、モチベーションがどんどん低下する、生産面でミスを連発する、といったことになりかねません。最悪の場合、「こんなやり方を続けていても、意味ないですよね？」と、社員の不満が爆発してしまうかもしれません。

一方で、「既存商品の販売、既存事業が振るわないので、新商品企画を展開しなければいけない」という会社もあるでしょう。また、「新商品企画に取り組む前に、コンサルティングセールスを改善・強化しないといけない」という会社もあるはずです。中には「財務面」で困っている会社もあるでしょう。

このように、経営における問題点、課題は会社によって異なり、改善すべき点も異なります。

あなたの会社では、付加価値生産性の向上を阻む要因がどこにあるでしょうか？　最初に、そのボトルネックとなる部分を特定したうえで改善策を進めないと、いくら必死に取り組んでも効果が出ません。

まずは自社の現状を把握することが大切です。すべてはそこからスタートです。

最後に伝えたいメッセージ「前向きに生きる。積極的に生きる！」

最後に、みなさんに一つだけお伝えしたいことがあります。

それは、「前向きに生きる。積極的に生きる！」ということです。本書でお伝えしてきたことを、私はこれまでいろいろな場所で話してきましたが、結局やらない人が多いのです。

また、「私にはとても無理だ」「うちの会社では難しい」と諦めてしまう人、経営者がいます。

しかし、諦める必要はまったくありません。私自身、かつて人生のどん底に落ち、挫折を味わいました。しかし、様々な人の助けがあり、諦めることなく挑戦していきました。そして、「人の役に立ち、自身の家族も守れるような高給与になるためにはどうしたらいいのか？」と考え、実際に行動してきたのです。


10年前、私の時給は666円でした。そこから現在に至る過程で、私は「高給与をもらえることが、どれだけ大事なことか」を学んだのです。


私はキーエンスを辞めた後独立し、ファイナンシャルプランナーを育成してビジネス面のサポートをする新規事業を始めました。立場としては雇われ社長という身でしたが、サービス開始約2ヵ月で多くのお客様が集まり、大きな売上が立ちました。

しかし、それでも雇われ社長という弱い立場だったため、私の月収は、生計がまったく立てられないほどだったのです。もしもこのとき、私が資本100％のオーナー社長だったとしたら、何倍も多くの月収を得られたでしょう。今にして思えばいい経験でしたが、結果として、経営母体に搾取されていたようなものです。

その後、いろいろと経営上の問題が起こったこともあり、「もうこの事業体を抜けるしかない」と決断したのですが、この時点で私は心身ともにボロボロになっていたのです。

キーエンスにいた頃は自信もあり、意気揚々と独立したわけですが、このようにいきなり鼻をへし折られて、意気消沈した中で知り合いの社長が経営する飲食店の手伝いを始めました。当時の月収は25万円です。平日は朝8時頃から24時まで、くたくたになるほど働き、土曜日も基本的に出社し、月収はたったの25万円という状態が数ヵ月続きました。

この頃の私は、何をどうすれば「価値」を生み出せるのか、まったくわかりませんでした。ただ目の前の仕事を一生懸命こなすだけで、継続して価値を生み出し、それをお客様に提供できる仕組みをつくれなかったので月収25万円しかもらえなかったのは、当然といえば当然です。

しかし、私はこの体験の中で、最も大切なことを知るのです。それは……「有難い」ということです。私自身、このときは、何をすれば価値が出せるかわからない。そんな状態だったのです。そんな0とも思える中、少しでも自分の価値を認めていただける状態になったとき、本当に「有難い」と気づけたのです。今でこそ、たくさんの企業の価値向上に貢献できるようになっていますが、原点の気づきはこの「有難い＝感謝」だと思います。

そして、ある日、社長に呼ばれて、「おまえ、このままで終わるつもりなのか？」と聞かれました。そこで、心の中で前々から「これをやりたい」と思っていた新事業について伝えたところ、社長から「よし、やってみろ」と言われたのです。そこでさっそく新事業を展開したところ、会社の年商が2000万円から3000万円ほどにアップしました。

すると社長も「さすがに月給25万円じゃ申し訳ないな」と思ってくれたようで、月収35万円、やがて40万円と徐々に給与が上がっていきました。お客様の会社・店舗の改善ができたこと、つまり、お客様に価値提供することで、年収を約500万円まで上げることができたのです。

しかし、会社の年商を5000万円アップさせても、最終的に年収が500万円を超えることがなかったので、ついに独立へと舵をきり、現在の会社を立ち上げたのです。

もしこのとき私に守るべき家族がいなければ、独立ではなく、どん底から救ってくれた社長のもとで働き続けるという選択肢もあったと思います。

しかし、2人目の子どもが生まれた時期でした。この子達の成長を支えていくためには、より高い収入が必要だと思ったのです。

同じ危機感を持っていた妻に相談したら、独立への答えは即答でした。

こうした経験を通して、私は今回本書で紹介した考え方を、身をもって学んだのです。

冒頭で述べたように、どん底に落ちても、諦めず、徹底的に考え、行動に移すのです。

ちなみに独立したときの私の会社の資本金は10万円でした。本当にお金などなかったのです。

そして、大手の皆様とも取引をさせていただいているこれを書いている2023年11月時点での私の会社の資本金は、創業当時から変わらない10万円です。

お金がない、は価値をつくれない言い訳になりません。徹底的に価値づくりを学べばよいのです。

みなさんも、「今のうちの会社の経営状態はよくないが、まあ景気も悪いし、仕方ないな」と諦めていては何も始まりません。また、「最近、業績が徐々に悪化してきた。昔はあんなによかったのになあ……」などと過去の栄光を思い出したり、「成功しているあの人、儲かっているあの会社はいいな」と、他者と比較している暇があれば、すぐにでも動き出すべきです。

特に、他者との比較は意味がありません。知り合いの社長が成功してキラキラ輝いて見えたり、年収何千万円というビジネスパーソンが羨ましく思えたりするかもしれません。しかし、過去をさかのぼれば、彼らのほとんどは、元々まったく稼げなかった人たちばかりなのです。

ですから、みなさんには、「前向きに生きる。積極的に生きる！」と言いたいのです。

本書を参考に、ぜひ今日から、一歩ずつでもいいので、できることから始めてみてください。本書で学んだことを、毎日何か一つでも実践すれば、きっとあなた自身の価値が、今日より明日、明日より明後日と徐々に高まっていくはずです。

おわりに

稼ぐこと、高給与を得ることは大切です。しかしもっと大切なことがあります。それは「人として誇りを持てる働き方、生き方」だと思います。お金を得ることは手段であって目的ではありません。まずは、「やりがい、生きがい、働きがい」を大切にすべきではないでしょうか。また私の場合は「かっこいい親になる」ということも、とても大切な価値観です。

何が「生きがい」か、その価値観は人によって異なります。

私にとっての「生きがい」は、「私は誰かの役に立っている」と思えることです。「働きがい」についても、「働くことによって、自分が仕事に費やした時間、つまり自分の『命の時間』が誰かのためになったと思える」ことが大事だと思っています。

今、多くの日本人が「働きやすさ」「生きやすさ」を求めています。それは大切な価値観かもしれません。

しかし、「働きやすさ」や「生きやすさ」を追求し、それが実現できたとして、果たして本当の幸せが得られるでしょうか？

何か物足りなさのようなものを感じないでしょうか？

これは私の個人的な考えですが、「働きやすさ」「生きやすさ」だけを追求しても、人間は幸せになることは難しいと思います。

自らの「命の時間」の使い方に誇りを持てること、つまり「自分が1時間生きたとき、その1時間が誰かの役に立っている」と思えるのは、すごく幸せなことです。今日一日働いて、お客様のためになって、その仕事に見合った収入が入ってくることに「誇りを持てる」という生き方こそが、私にとって一番大切なことなのです。

たとえば、家族や子どものために仕事を早めに切り上げて帰宅し、土日もしっかり休んで子どもと遊んであげるお父さんがいるとします。その人が毎日しっかりお客様のためになる仕事、とても大きな価値ある仕事をしているなら、それもいいでしょう。しかしそうでないなら、その人は「自分は、誇りを持てる働き方、生き方をしている」と、自信を持って言えるでしょうか。

先ほど、私にとって「かっこいい親になる」ことが大事だと言いました。

毎日たくさん遊んでくれるお父さんは、子どもにとって、「うちのパパは、ほかのパパよりたくさん遊んでくれて、すごい！」と思える、かっこいいお父さんかもしれません。

しかし子どもが大きくなったとき、お父さんの仕事はあまり人のためになっていない、あまり社会のために役立っていない、とわかったらどうでしょう？　「パパ、あんなに遊んでくれてたけど、パパが残した社会は生きづらい」となったらどうでしょう？

私はそう思われるような社会を後世に継ぎたくはない。どうしても諦められないのです。

「働きやすさ」と「働きがい」の両方が追求された世界。毎日、毎時間、すべての働く時間が誰かのためになっていることが、最も重要な価値観として大切にされる社会を継ぎたいのです。

今以上にもっと誰かの役に立つ、もっともっと誰かの困ったことを解決する。それができていくと、自分自身に対しても「かっこいい」と誇りを持てるようになるはずです。そして、そんな仕組みが社会全体に広がっていき、私たちの子ども世代も将来そんな社会の中で働けるようになれば、「お父さん、お母さんたちが頑張ってくれたお陰だ」と、私たちを誇りに思ってくれるのではないでしょうか。


私は、将来子どもたちから、そう言われるような社会をつくっていきたいと思っています。

それを実現するためには、世の中の大きな仕組みを変える必要はありません。ここまで本書を読んでくれたみなさん一人ひとりが、「自分自身が誰かの役に立つ」という思考を持ち、そんな働き方を実践していくことで、社会全体が、未来が変わっていきます。

一人が変われば、周りの人が変わります。周りの人が変われば、チーム全体、部署全体が変わります。チームや部署が変われば、次は会社が変わります。一つの会社が変わったら、グループ会社全体が変わり、やがてもっと大きなグループも変わっていきます。

最初は小川のような流れかもしれませんが、それがいつか大河となって大きな流れを生み出せるのです。

この本を読んだあなたとともに、ぜひ一緒に！　そんな流れを生み出していきたいのです。

そして、あなたとともに今の子どもたちの世代に称賛されるような、「誇りを持った働き方、生き方」をしていきたいと、心から望みます。

［著者略歴］
田尻望（たじり・のぞむ）

株式会社カクシン 代表取締役CEO
京都府京都市生まれ。大阪大学基礎工学部情報科学科にて、情報工学、プログラミング言語、統計学を学ぶ。2008年卒業後、株式会社キーエンスにてコンサルティングエンジニアとして、技術支援、重要顧客を担当。大手システム会社の業務システム構築支援をはじめ、年30社に及ぶシステム制作サポートを手掛けた経験が、「最小の人の命の時間と資本で、最大の付加価値を生み出す」という価値主義経営®の哲学、世界初のイノベーションを生む商品企画、ニーズの裏のニーズ®までを突き詰めるコンサルティングセールス、構造に特化した高収益化コンサルティングの基礎となっている。その後、企業向け研修会社の立ち上げに参画し、独立。年商10億円〜4000億円規模の経営戦略コンサルティングなどを行い、月１億円、年10億円超の利益改善などを達成した企業を次々と輩出。企業が社会変化に適応し、中長期発展するための仕組みを提供している。著書に『構造が成果を創る』（中央経済社）、『キーエンス思考×ChatGPT時代の付加価値仕事術』（日経BP社）、『付加価値のつくりかた』『再現性の塊』（かんき出版）がある。

編集協力：小原秀雄

高賃金化《こうちんぎんか》

2023年12月21日　初版発行

著　者　　田尻望

発行者　　小早川幸一郎

発　行　　株式会社クロスメディア・パブリッシング
〒151-0051 東京都渋谷区千駄ヶ谷4-20-3 東栄神宮外苑ビル
https://www.cm-publishing.co.jp
◎本の内容に関するお問い合わせ先：TEL（03）5413-3140／FAX（03）5413-3141

発　売　　株式会社インプレス
〒101-0051 東京都千代田区神田神保町一丁目105番地
◎乱丁本・落丁本などのお問い合わせ先：FAX（03）6837-5023
service@impress.co.jp
※古書店で購入されたものについてはお取り替えできません

印刷・製本　　中央精版印刷株式会社

ISBN978-4-295-40922-9　C2034